Wörter zur Wahl

Wörter zur Wahl

Übungen
zur Erweiterung des Wortschatzes

von
Magda Ferenbach und Ingrid Schüßler

Ernst Klett Stuttgart

1. Auflage.   1⁸ 7 6 5 | 1978 77 76 75

Alle Drucke dieser Auflage können im Unterricht nebeneinander benutzt werden. Die letzte
Zahl bezeichnet das Jahr dieses Druckes.
© Ernst Klett Verlag, Stuttgart 1970. Nach dem Urheberrechtsgesetz vom 9. Sept. 1965 i. d. F.
vom 10. Nov. 1972 ist die Vervielfältigung oder Übertragung urheberrechtlich geschützter Werke,
also auch der Texte, Illustrationen und Graphiken dieses Buches, nicht gestattet. Dieses Verbot
erstreckt sich auch auf die Vervielfältigung für Zwecke der Unterrichtsgestaltung – mit Aus-
nahme der in den §§ 53, 54 URG ausdrücklich genannten Sonderfälle –, wenn nicht die Einwilli-
gung des Verlages vorher eingeholt wurde. Im Einzelfall muß über die Zahlung einer Gebühr für
die Nutzung fremden geistigen Eigentums entschieden werden. Als Vervielfältigung gelten alle
Verfahren einschließlich der Fotokopie, der Übertragung auf Matrizen, der Speicherung auf Bän-
dern, Platten, Transparenten oder anderen Medien.
Umschlagentwurf: H. Lämmle, Stuttgart.
Druck: Ernst Klett, 7 Stuttgart, Rotebühlstraße 77. Printed in Germany.
ISBN 3-12-558200-8

Vorwort

Mit diesem Buch können Sie – allein oder im Klassenunterricht – auf verschiedene Weise umgehen: Sie können es von Anfang bis Ende durcharbeiten, Sie können sich aber auch erst die leichteren Übungen heraussuchen. Die schwereren Übungen sind am Rand mit einem Symbol ● gekennzeichnet, die leichteren haben keins. Für alle Übungsaufgaben finden Sie die Lösungen am Schluß der Kapitel.

In jeder Übung stehen Sätze, die eine sprachliche Ergänzung verlangen; dazu werden Ihnen Wörter zur Wahl gegeben, meist 10 bis 15, manchmal auch nur 2 oder 3. Einige davon werden Sie kennen, bei andern werden Sie nicht sicher sein, in welchem Zusammenhang sie angewendet werden können. Die Sätze aber sind immer eindeutig zu verstehen, und nur ein Wort von den zur Wahl stehenden ist das genau treffende Wort. Suchen Sie es – der Kontext wird Ihnen dabei helfen –, tragen Sie es ein und kontrollieren Sie es mit Hilfe der Lösungen. Ist es Ihnen neu oder nicht geläufig, so sprechen Sie den Satz mehrmals laut, dann prägt sich die Anwendung des Wortes im Satz am besten ein. Es sind fast alles Sätze der gesprochenen Sprache, wie sie in vielen Gesprächssituationen vorkommen.

Am Ende werden Sie feststellen, daß Sie sowohl kritischer als auch sicherer im Umgang mit der deutschen Sprache geworden sind. Kritischer, weil Sie sich nicht mehr so leicht mit einem Wort begnügen, das nur ungefähr ausdrückt, was Sie sagen wollen. Sicherer, weil Sie Bekanntes gefestigt und Neues hinzugelernt haben.

Inhalt

Das Adjektiv

Das Nomen

Das Verb

Idiomatik

Das Adjektiv

Gegensätze

I. Herr Müller ist immer anderer Ansicht.

1. Macht seine Frau morgens starken Kaffee, will er ihn *schwach*.
2. Kocht sie weiche Eier, dann hätte er sie gerne _____.
3. Kauft sie mageres Fleisch, hätte er _____ vorgezogen.
4. Findet sie die Soße scharf, findet er sie _____.
5. Setzt sie ihm gekochtes Obst vor, sagt er, _____ sei gesünder.
6. Freut sie sich über die frischen Blumen, sagt er, sie seien _____.
7. Schlägt sie einen kurzen Spaziergang vor, will er einen _____ machen.
8. Geht sie langsam, geht er _____.
9. Sucht sie einen schattigen Sitzplatz, zieht er einen _____ vor.
10. Bestellt sie ein warmes Getränk, will er ein _____ haben.
11. Ist sie streng mit den Kindern, meint er, man müsse _____ sein.
12. Hält sie eine Anschaffung für notwendig, hält er sie für _____
13. Möchte sie das Fenster offen haben, besteht er darauf, daß es _____ _____ bleibt.
14. Lobt sie, daß die Putzfrau ordentlich ist, schimpft er, sie sei _____
15. Findet sie etwas fremdartig, so sagt er, ihm sei es ganz _____

a) bekannt   e) hart   i) nachsichtig   m) überflüssig
b) fade   f) kalt   j) schnell   n) welk
c) fett   g) lang   k) sonnig
d) geschlossen   h) nachlässig   l) roh

II. Frau Schmidt macht ihrem Mann das Leben schwer.

1. Hält er den Zeitungsroman für langweilig, sagt sie, er sei *spannend*.
2. Findet er die Nachbarn vornehm, so schimpft sie sie _____
3. Bezeichnet er eine Ware als teuer, besteht sie darauf, daß sie _____ _____ sei.
4. Rückt er ein Bild gerade, so rückt sie es wieder _____
5. Meint er, es sei etwas nur zufällig geschehen, so sagt sie, es sei _____ _____ gewesen.
6. Möchte er einen lustigen Film sehen, will sie in einen _____
7. Wünscht er sich einen Pullover aus feiner Wolle, so kauft sie einen aus _____
8. Findet er eine Reise beschwerlich, so sagt sie, sie sei doch ganz _____
9. Fühlt er sich müde, so ist sie immer besonders _____
10. Findet er eine Nachricht tendenziös, so behauptet sie, sie sei sehr _____
11. Hält er etwas für üblich, so findet sie, es komme nur _____ vor.
12. Meint er, ihre Kleider seien auffällig, so sagt sie, sie seien doch ganz _____
13. Glaubt er ein Geschäft sei riskant, so hält sie es für völlig _____
14. Fürchtet er, ein Bekannter sei wankelmütig, so preist sie ihn als _____
15. Kurz, Herr Müller und Frau Schmidt sind keine einfachen, sondern _____ Charaktere.

a) absichtlich	e) grob	i) schief	m) sicher
b) bequem	f) ordinär	j) schlicht	n) zuverlässig
c) ernst	g) preiswert	k) schwierig	
d) frisch	h) sachlich	l) selten	

III. Ergänzen Sie:

1. Ich möchte kein ganzes Brot, sondern ein *halbes*.

2. Das Abkommen war nicht öffentlich, sondern ....

3. Hat das jeder einzeln entschieden? Nein, alle ....

4. Sind Sie anderer Ansicht? Nein, ich bin der ....

5. Ist seine Zustimmung noch fraglich? Nein, sie ist ....

6. Ist es noch weit zum Schloß? Nein, es liegt ganz ....

7. Bist du schon satt? Nein, ich bin noch ....

8. Ich will keinen eckigen Tisch, sondern einen ....

9. Besucht er Sie nur selten? Nein, sehr ....

10. Der Schrecken machte den Betrunkenen wieder ....

11. Soll ich die Mitglieder mündlich benachrichtigen? Nein, besser ....

12. Manche Strafen sind eher schädlich als ....

a) geheim   d) gleich   g) nah   j) rund
b) gemeinsam   e) häufig   h) nützlich   k) schriftlich
c) gewiß   f) hungrig   i) nüchtern

IV. Ergänzen Sie:

1. Das war keine gescheite Antwort, sondern eine *törichte*.

2. Du bist ja heute gar nicht schweigsam, sondern ganz ....

3. Die Schuhe sind nicht weit genug, sie sind zu ....

4. Das ist nicht richtig; das ist ....

5. Mir gefallen schmale Schuhe besser als ....

6. Das Tischtuch ist doch nicht mehr sauber; es ist ganz ....

7. Wir brauchen keine dauernde Hilfe, nur eine ....

8. Geh lieber bedächtig an die Sache heran, nicht zu ....

9. Der Nagel ist krumm. Klopf ihn wieder .... !

10. Das glänzende Metall gefällt mir nicht; ich möchte es lieber ....

11. Du bist noch minderjährig. Warte bis du _____ bist.

12. Hier ist es schwül. Mach das Fenster auf, damit _____ Luft hereinkommt.

a) breit   d) gerade   g) frisch   j) verkehrt
b) eilig   e) gesprächig   h) matt   k) zeitweilig
c) eng   f) fleckig   i) mündig

V. Verschiedene Gegensätze

Nicht immer ist die Bildung eines gegensätzlichen Begriffspaares so einfach wie z. B. groß:klein. Oft müssen wir, je nach dem Zusammenhang, verschiedene Ausdrücke gebrauchen. So heißt der Gegensatz von ‚alt‘, wenn es sich um Sachen handelt: ‚neu‘, und wenn es sich um Lebewesen handelt: ‚jung‘.

A. *Gegensatzpaare*

1. Herr Müller ist nicht gesund; er ist *krank*. – Das Klima ist nicht gesund; es ist *ungesund*.

2. Der Bleistift ist stumpf; er muß _____ sein. – Mit dem stumpfen Messer kann ich nichts anfangen. Gib mir bitte ein _____!

3. Ein Schüler, der nicht faul ist, ist _____. Obst, das nicht faul ist, ist _____

4. Ich möchte _____ Schokolade, keine süße. Die Apfelsinen sind nicht süß, sondern _____

5. Ist das ein fremder Hund? Nein, das ist mein _____ – Der Herr ist hier nicht fremd, er ist _____

6. Diese Schuhe sind mir nicht zu eng, sondern eher zu _____ – Wir kommen jetzt aus den engen Straßen der Innenstadt in die _____ der Außenstadt.

7. Ich will keine _____, sondern die nackte Wahrheit wissen. – Der Felsen war unten nicht nackt, sondern _____

8. Nach der reichen Ernte im Vorjahr gab es in diesem nur eine ....

   – Der Fürst ist nicht mehr reich; er ist .... geworden.

9. Arme Länder sind oft nicht frei, sondern .... – Ist dieser

   Platz frei? Nein, er ist ....

10. Nach vielen falschen Antworten kam endlich die .... –

    Dieser Stein ist doch nicht .... ; er ist falsch.

11. Nach der Kur ist die dicke Frau Meier ganz .... geworden.

    – Ich brauche eine .... Schnur, nicht diese dicke.

12. Ein schwerfälliger Diplomat hat keinen Erfolg; er muß .... sein.

    Wer ein Akrobat werden will, muß .... sein, und nicht schwerfällig.

a) abhängig – besetzt	e) gewandt – gelenkig	i) spitz – scharf
b) bitter – sauer	f) kümmerlich – arm	j) weit – breit
c) eigen – bekannt	g) richtig – echt	k) verschleiert – bewachsen
d) fleißig – frisch	h) schlank – dünn	

B. *Manches ist „nicht fest":*

1. Eine feste Zusage ist nicht *unverbindlich.*

2. Eine feste Verbindung ist nicht *locker.*

3. Festes Eis ist nicht *brüchig.*

4. Eine feste Stimme ist nicht *schwankend.*

5. Fester Schlaf ist nicht *leicht.*

C. *Manches ist „nicht glatt":*

1. Eine glatte Straße ist nicht ....

2. Glattes Papier ist nicht ....

3. Ein glattes Kinn ist nicht ....

4. Glatte Worte sind nicht ....

5. Glatte Haut ist nicht ....

6. Glatte Haare sind nicht ....

a) holprig, b) lockig, c) rauh, d) runzelig, e) stoppelig, f) unbeholfen

● **D.** *Manches ist „nicht tief":*

1. Eine tiefe Stimme ist nicht _____

2. Eine tiefe Schneedecke ist nicht _____

3. Ein tiefer Teller ist nicht _____

4. Tiefes Wasser ist nicht _____

5. Ein tiefes Gefühl ist nicht _____

a) dünn, b) flach, c) hoch, d) oberflächlich, e) seicht

● **E.** *Manches ist „nicht weit":*

1. Ein weiter Weg ist nicht _____

2. Weite Schuhe sind nicht _____

3. Ein weites Ziel ist nicht _____

4. Eine weite Sicht ist nicht _____

a) begrenzt, b) eng, c) nah, d) kurz

● **F.** *Manches ist „nicht klar":*

1. Ein klarer Himmel ist nicht _____

2. Eine klare Stimme ist nicht _____

3. Ein klares Bild ist nicht _____

4. Eine klare Antwort ist nicht _____

5. Eine klare Handschrift ist nicht _____

a) bedeckt, b) heiser, c) mehrdeutig, d) unleserlich, e) verschwommen

● **G.** *Manches ist „nicht wild":*

1. Ein wildes Tier ist nicht _____

2. Wilde Kinder sind nicht _____

3. Ein wildes Temperament ist nicht _____

4. Ein wilder Garten ist nicht _____

5. Ein wildes Spiel ist nicht _____

6. Ein wilder Streik ist nicht _____

7. Eine wilde Landschaft ist nicht _____

a) artig, b) beherrscht, c) gepflegt, d) kultiviert, e) planmäßig, f) ruhig, g) zahm

H. *Manches ist „nicht leicht":*

1. Das Paket ist sehr _____

2. War die Aufgabe zu _____ ?

3. Sie müssen Ihre Pflichten _____ nehmen.

4. Das Haus ist nicht _____ genug gebaut.

5. Der _____ Nebel erschwerte die Sicht.

6. Sie ging mit _____ Schritten.

7. Auf einer Wanderung braucht man _____ Schuhe.

a) dicht, b) ernst, c) kräftig, d) schwer, e) schwerfällig, f) schwierig, g) solide

I. *Manches ist „nicht schwach":*

1. Hätten wir doch eine _____ Regierung!

2. Sie brauchen unbedingt eine _____ Brille.

3. Ich erinnere mich ganz _____

4. Die Treppe war _____ erleuchtet.

5. Er hörte _____ Hilferufe.

6. Solange Napoleon _____ war, wurde er gepriesen.

a) deutlich, b) hell, c) laut, d) mächtig, e) scharf, f) stark

K. *Manches ist „nicht frisch":*

1. Die Butter kann niemand mehr essen; sie ist _____

2. Ist die Milch auch nicht _____ geworden?

3. Der Kuchen schmeckt nicht mehr; er ist _____ geworden.

4. Wenn der Fisch _____ ist, mußt du ihn wegwerfen.

5. Der Salat ist schon ziemlich _____ !

15

6. Laß das Bier nicht so lange stehen; es wird _____

7. Wo hast du die Erdbeeren gekauft? Die sind ja schon _____

8. Hier ist es _____ wie in einem Keller.

9. Der _____ Wind macht mir Kopfschmerzen.

10. Ich fühle mich noch sehr _____

11. Das _____ Holz muß herausgeschnitten werden.

12. Soll ich die _____ Handtücher nicht wechseln?

a) welk	d) faul	g) sauer	j) schwül
b) dumpf	e) matt	h) schal	k) trocken
c) dürr	f) ranzig	i) schmutzig	l) verdorben

● **VI. Was ist das Gegenteil von**

1. einer unverfrorenen Forderung?   Eine *bescheidene* Forderung.

2. einer ungefähren Zeitangabe?   Eine _____ Zeitangabe.

3. einem unbilligen Verlangen?   Ein _____ Verlangen.

4. einem unbeholfenen Menschen?   Ein _____ Mensch.

5. einer unwirschen Auskunft?   Eine _____ Auskunft.

6. einer unschlüssigen Haltung?   Eine _____ Haltung.

7. einem unnahbaren Menschen?   Ein _____ Mensch.

8. einem ungestümen Vorgehen?   Ein _____ Vorgehen.

9. einem unverhofften Ereignis?   Ein _____ Ereignis.

10. einer unbeschwerten Stimmung?   Eine _____ Stimmung.

a) besonnen	c) entschlossen	e) freundlich	g) gedrückt
b) berechtigt	d) erwartet	f) genau	h) gewandt
			i) zugänglich

VII. Die Menschen sind ganz verschieden in ihrer äußeren Erscheinung.

Herr A ist untersetzt.	Herr B ist 1. *schlank*.
Er hat ein volles Gesicht,	Er hat 2. ein _____ Gesicht,
eine niedrige Stirn,	3. eine _____ Stirn,
abstehende Ohren,	4. _____ Ohren,
vorquellende Augen,	5. _____ Augen,
ein rötliches Gesicht,	6. ein _____ Gesicht,
glatte Haare,	7. _____ Haare,
ein fliehendes Kinn	8. ein _____ Kinn
und schadhafte Zähne.	und 9. _____ Zähne.
Seine Stimme ist rauh.	Seine Stimme ist 10. _____
Er hält sich krumm.	Er hält sich 11. _____
Er kleidet sich auffällig	Er kleidet sich 12. _____
und nachlässig.	und 13. _____

a) anliegend	d) gepflegt	g) lockig	j) stark
b) blaß	e) gesund	h) klar	k) tiefliegend
c) gerade	f) hoch	i) schmal	l) zurückhaltend

VIII. Sie sind auch gegensätzlich in ihrem Charakter.

Frau C ist wißbegierig	Frau D ist *interesselos*
und denkt folgerichtig.	und denkt 2. _____
Sie handelt besonnen,	Sie handelt 3. _____ ,
planmäßig	4. _____
und sorgfältig.	und 5. _____ .
Sie spricht knapp	Sie spricht 6. _____
und klar.	und 7. _____ .

17

Zu ihren Mitmenschen verhält		Zu ihren Mitmenschen verhält	
sie sich	ungezwungen,	sie sich	8. _____ ,
	taktvoll,		9. _____ ,
	zurückhaltend,		10. _____ ,
	tolerant		11. _____
	und ausgeglichen.		und 12. _____ .

a) launisch   d) sprunghaft   g) unduldsam   j) weitschweifig
b) planlos   e) taktlos   h) verkrampft   k) zudringlich
c) schlampig   f) unbedacht   i) verworren

Lösungen

I: 2e, 3c, 4b, 5l, 6n, 7g, 8j, 9k, 10f, 11i, 12m, 13d, 14h, 15a
II: 2f, 3g, 4i, 5a, 6c, 7e, 8b, 9d, 10h, 11l, 12j, 13m, 14n, 15k
III: 2a, 3b, 4d, 5c, 6g, 7f, 8j, 9e, 10i, 11k, 12h
IV: 2e, 3c, 4j, 5a, 6f, 7k, 8b, 9d, 10h, 11i, 12g
VA: 2i, 3d, 4b, 5c, 6j, 7k, 8f, 9a, 10g, 11h, 12e
  C: 1a, 2c, 3e, 4f, 5d, 6b
  D: 1c, 2a, 3b, 4e, 5d
  E: 1d, 2b, 3c, 4a
  F: 1a, 2b, 3e, 4c, 5d
  G: 1g, 2a, 3b, 4c, 5f, 6e, 7d
  H: 1d, 2f, 3b, 4g, 5a, 6e, 7c
  I: 1f, 2e, 3a, 4b, 5c, 6d
  K: 1f, 2g, 3k, 4l, 5m, 6h, 7d, 8b, 9j, 10e, 11c, 12i
VI: 2f, 3b, 4h, 5e, 6c, 7i, 8a, 9d, 10g
VII: 2i, 3g, 4a, 5k, 6b, 7g, 8j, 9e, 10h, 11c, 12l, 13d
VIII: 2d, 3f, 4b, 5c, 6j, 7i, 8h, 9e, 10k, 11g, 12a

Gegensätzliche Bewertung

I. Die Menschen bewerten sich sehr verschieden.

Herr X sieht sich selbst als	Andere sehen ihn als
1. sparsam	1. *geizig*
2. konservativ	2.
3. patriarchalisch	3.
4. selbstsicher	4.
5. zielstrebig	5.

a) autoritär, b) reaktionär, c) eingebildet, d) rücksichtslos

Frau X sieht sich selbst als	Andere sehen sie als
1. wißbegierig	*neugierig*
2. hilfsbereit	
3. gemütvoll	
4. aufrichtig	
5. tolerant	

a) schwach, b) sentimental, c) taktlos, d) zudringlich

Fritzchen X sieht sich selbst als	Andere sehen ihn als
1. freigebig	*verschwenderisch*
2. klug	
3. mitteilsam	
4. strebsam	
5. vorsichtig	

a) feige, b) geschwätzig, c) schlau, d) streberisch

● **II. Ergänzen Sie:**

Andere sehen Herrn Y als Er selbst sieht sich als
1. opportunistisch *anpassungsfähig*
2. habgierig ....
3. phantasielos ....
4. pedantisch ....
5. eigensinnig ....
a) erwerbstüchtig, b) ordnungsliebend, c) praktisch, d) standhaft

Andere sehen Frau Y als Sie selbst sieht sich als
1. streitsüchtig *streitbar*
2. empfindlich ....
3. nörglerisch ....
4. redselig ....
5. hochnäsig ....
a) beredt, c) empfindsam, d) kritisch, e) selbstbewußt

Andere sehen Lieschen Y als Sie selbst sieht sich als
1. exaltiert *enthusiastisch*
2. schmeichlerisch ....
3. nachlässig ....
4. weltfremd ....
5. unbeherrscht ....
a) großzügig, b) idealistisch, c) liebenswürdig, d) temperamentvoll

III. Wählen Sie das Adjektiv mit der negativen Bewertung:

1. Wenn du nicht so *beeinflußbar* wärst, hättest du nicht auf   a) beeinflußbar
   den Unsinn gehört. b) aufgeschlossen
2. Du lieber Himmel, sei doch nicht so ....!   a) mundfaul
   b) wortkarg

3. Wenn du so .... bleibst, wirst du noch ganz zum Einsiedler.
   a) selbstgenügsam
   b) menschenscheu

4. Dieses .... Gelächter geht mir auf die Nerven.
   a) alberne
   b) lustige

5. Frau Müller ist fürchterlich ....
   a) geschwätzig
   b) mitteilsam

6. Sei doch nicht so unerträglich ....!
   a) überspannt
   b) schwärmerisch

7. Ich finde es widerwärtig, wie .... du zu deinem Chef bist.
   a) demütig
   b) unterwürfig

8. Sei vorsichtig und nicht so ....!
   a) vertrauensvoll
   b) vertrauensselig

IV. Wählen Sie das Adjektiv mit der positiven Bewertung:

1. Die *sachliche* Darstellung hat mir gut gefallen.
   a) sachliche
   b) trockene

2. Der .... Appell hatte Erfolg.
   a) zügellose
   b) leidenschaft-
   liche

3. Laß die jungen Leute. Sie sind jung und ....
   ....
   a) vergnügungs-
   süchtig
   b) lebenslustig

4. Sie können .... auf Ihren Erfolg sein.
   a) hochnäsig
   b) stolz

5. Wie schön, daß Ihre Kinder noch so .... sind.
   a) unselbständig
   b) anhänglich

6. Wir leben gerne einfach und ....
   a) dürftig
   b) bescheiden

7. Peter ist ein braver und .... Junge.
   a) stiller
   b) duckmäuse-
   rischer

8. Er ist sehr ....
   a) nachgiebig
   b) gütig

V. In der Politik werden auch die Tugenden der Gegner noch zu Fehlern.

Wie soll man das Vorgehen der Polizei nennen?
Energisch   oder brutal?
Konsequent   oder stur?
Sorgt sie für Ordnung oder unterdrückt sie den Fortschritt?

Die einen nennen es: Die andern nennen es:

1. eine gewichtige Rede   *hochtrabendes*   Geschwätz

2. staatserhaltendes Bürgertum ....   Spießertum

3. flexibles Verhandeln   ....   Kriecherei

4. leidenschaftsloses Abwarten ....   Untätigkeit

5. feierliche Stellungnahme   ....   Deklamation

6. bedächtiges Vorgehen   ....   Bummelei

7. ironische Kritik   ....   Nörgelei

8. aufrichtige Vorhalte   ....   Beleidigungen

9. wagemutiges Vorgehen   ....   Vorpreschen

10. patriotisches Selbstbewußtsein ....   Überheblichkeit

11. gebieterische Forderungen   ....   Befehle

12. einfaches Leben   ....   Vegetieren

13. sorgfältige Prüfung   ....   Wortklauberei

14. gewandte Verteidigung   ....   Herausreden

a) apathisch   d) nationalistisch   h) raffiniert   l) tollkühn
b) herrisch   e) pathetisch   i) rückgratlos   m) verletzend
c) fortschritts-   f) primitiv   j) taktlos
   feindlich   g) pedantisch   k) träge

Lösungen

I: Herr X: 2b, 3a, 4c, 5d – Frau X: 2d, 3b, 4c, 5a – Fritzchen X: 2c, 3b, 4d, 5a
II: Herr Y: 2a, 3c, 4b, 5d – Frau Y: 2c, 3d, 4a, 5e – Lieschen Y: 2c, 3a, 4b, 5d
III: 2a, 3b, 4a, 5a, 6a, 7b, 8b
IV: 2b, 3b, 4b, 5b, 6b, 7a, 8b
V: 2c, 3i, 4a, 5e, 6k, 7m, 8j, 9l, 10d, 11b, 12f, 13g, 14h

22

Synonyme

● **I. Das Wort „ganz" kann ersetzt werden durch:**

a) gesamt   d) tüchtig   g) vollständig   j) uneingeschränkt
b) nur   e) voll   h) unangebrochen   k) ungeteilt
c) repariert   f) vollkommen   i) unbeschädigt   l) ziemlich

1. Er ist am Kopf schwer verletzt, aber der Schädelknochen ist ganz/*unversehrt* geblieben.

2. Ist das Fahrrad bei dem Unfall ganz/.. geblieben?

3. Nein, es war kaputt, aber jetzt ist es wieder ganz/..

4. Es waren ganze/.. zwanzig Menschen in der Kirche.

5. Der Film hat mir ganz/.. gut gefallen; ich habe schon bessere gesehen.

6. Die ganze/.. Klasse war mäuschenstill.

7. Er ist ein ganzer/.. Kerl.

8. Du darfst erst spielen, wenn du die Schularbeiten ganz/.. erledigt hast.

9. Auf der Straße war es ganz/.. ruhig.

10. Ich bin ganz/.. Ihrer Meinung.

11. Die Schachtel Zigaretten ist noch ganz/..

12. Sie blieb eine ganze/.. Stunde.

13. Das Bauland wird nur ganz/.. verkauft.

● **II. Was ist richtig?**

1. Die Aufgabe enthält den *ungekürzten* Text.   a) vollkommenen
                                              b) ungekürzten

2. Es hat .... zwei Wochen geregnet.   a) volle
                                              b) vollständige

3. Die Aufgaben sind .... falsch gelöst.
   a) ausnahmslos
   b) vollzählig

4. Der Verdächtige hat ein .... Alibi.
   a) umfassendes
   b) lückenloses

5. Der Platz war .... leer.
   a) vollauf
   b) vollkommen

6. Die Vase ist hingefallen, aber .... geblieben.
   a) unbeschädigt
   b) unversehrt

7. Die Mitglieder waren pünktlich und .... am Versammlungsort.
   a) alle
   b) vollzählig

8. Der Gesandte gab eine .... Dar-stellung der Ereignisse.
   a) umfassende
   b) völlige

9. .... Zuschauer pfiffen den Schiedsrichter aus.
   a) Gesamte
   b) Sämtliche

10. Das .... Publikum verließ unter Protest den Saal.
    a) gesamte
    b) sämtliche

11. Ich lehne diese Forderung .... ab.
    a) rundweg
    b) vollendet

12. Wir müssen zu einer .... Stellungnahme kommen.
    a) einheitlichen
    b) lückenlosen

13. Ich habe jetzt .... genug von diesem Unsinn.
    a) vollauf
    b) uneingeschränkt

14. Wir brauchen eine .... Liste des Inventars.
    a) völlige
    b) vollständige

15. Sie haben .... recht.
    a) voll
    b) völlig

16. Seine Schulden betragen .... DM 4000.–
    a) total
    b) absolut

17. Ludwig der Vierzehnte war ein .... Herrscher.
    a) totaler
    b) absoluter

18. Das Spiel des Pianisten war ....
    a) vollkommen
    b) vollständig

19. Sie haben mich damit vor eine .... Tatsache gestellt.
    a) vollendete
    b) vollkommene

III. Synonyme für „klug". Welches Wort paßt?

1. Der Verbrecher war sehr ....,
aber er wurde doch überführt.
    a) *gerissen*
    b) klug
    c) vernünftig

2. Das war eine .... Entscheidung.
    a) aufgeweckte
    b) helle
    c) vernünftige

3. Ich habe selten ein so .... Buch
gelesen.
    a) begabtes
    b) geistreiches
    c) umsichtiges

4. Was für ein .... Bürschlein!
    a) pfiffiges
    b) scharfsinniges
    c) weises

5. Fallen Sie nicht wieder auf diesen ....
Verführer herein.
    a) listigen
    b) gescheiten
    c) verständigen

6. Man glaubt, messen zu können, wie ....
ein Mensch ist.
    a) geistvoll
    b) intelligent
    c) klug

7. Er gab eine .... Begründung.
    a) gelehrige
    b) altkluge
    c) scharfsinnige

8. Durch Schaden wird man ....
    a) gelehrt
    b) klug
    c) hell

9. Das können Sie einem Tier nicht beibringen, und
wenn es noch so .... ist.
    a) gelehrig
    b) gescheit
    c) gewitzt

10. Natürlich, du bist ja ein .... Köpfchen.
    a) vernünftiges
    b) verständiges
    c) helles

11. Ein Fuchs ist viel zu ....,
um in diese Falle zu gehen.
    a) aufgeweckt
    b) gelehrig
    c) schlau

12. Das Kind ist mir ein wenig zu ....
    a) geistreich
    b) altklug
    c) scharfsinnig

13. Nicht alle Leute werden ....,
wenn sie alt werden.
    a) weise
    b) intelligent
    c) klug

14. Wenn du dich .... verhältst, wird
alles gut gehen.
    a) geistvoll
    b) weise
    c) vernünftig

15. Es macht Freude, mit so ....
Kindern zu arbeiten.
    a) aufgeweckten
    b) geistreichen
    c) listigen

IV. Synonyme für „dumm". Welches Wort paßt?

1. Der Film war im höchsten Grade ....
    a) beschränkt
    b) dümmlich
    c) *stumpfsinnig*

2. Du kannst mit dreißig doch nicht schon so ....
.... sein, daß du das nicht mehr verstehst.
    a) verkalkt
    b) einfältig
    c) töricht

3. Mein Gott, wäre ich doch nicht so ....
gewesen.
    a) dümmlich
    b) dämlich
    c) beschränkt

4. Der arme Kerl ist eben ein wenig ....
    a) einfältig
    b) idiotisch
    c) unklug

5. Ich fürchte, Sie sind .... vorgegangen.
    a) primitiv
    b) stumpfsinnig
    c) unklug

6. Hans, nimm dich zusammen und gib keine...............
Antworten!
    a) blöden
    b) törichten
    c) doofen

7. Wie .... von mir, daran nicht gedacht zu haben.
    a) dumm
    b) stumpfsinnig
    c) verkalkt

8. Wenn das Kind .... ist, muß es auf eine Sonderschule.
   a) töricht
   b) dämlich
   c) schwachsinnig

9. Sie macht einen netten, aber etwas .... Eindruck.
   a) dümmlichen
   b) blöden
   c) unsinnigen

10. Die alte Frau war völlig .... und mußte in ein Heim gebracht werden.
   a) töricht
   b) unklug
   c) vergreist

11. Wenn der Kerl nicht bald mit seinem .... Geschwätz aufhört, muß man ihm das Maul stopfen.
   a) beschränkten
   b) idiotischen
   c) zurückgebliebenen

12. Ein .... Geist wird die Tiefe dieser Gedanken nie verstehen können.
   a) dusseliger
   b) dummer
   c) beschränkter

V. Falsche Freunde. Welches deutsche Wort entspricht dem Fremdwort?

1. Das ist aber *fatal.*
   a) schicksalhaft
   b) *unangenehm*

2. *Eventuell* haben Sie recht.
   a) vielleicht
   b) schließlich

3. Peter ist wirklich *genial.*
   a) freundlich
   b) sehr begabt

4. Ich finde das Gedicht *pathetisch.*
   a) rührend
   b) übertrieben feierlich

5. Das ist aber ein *kurioses* Kind!
   a) neugieriges
   b) sonderbares

6. Sei nicht so *affektiert*!
   a) unnatürlich
   b) gefühlvoll

7. Diese Ausdrucksweise ist *ordinär.*
   a) gewöhnlich
   b) üblich

8. Sie ist sehr *sensibel.*
   a) empfindsam
   b) vernünftig

9. Das sind *brave* Leute.
   a) mutige
   b) ordentliche

10. Die Leute waren *salopp* gekleidet.
   a) ungezwungen
   b) schmutzig

11. Das ist ein *raffinierter* Plan.
   a) feiner
   b) durchtriebener

12. Meine Wirtin ist eine *famose* Frau.
   a) berühmte
   b) großartige

13. Erwin ist ein *fideler* Junge.
   a) lustiger
   b) treuer

14. Der Schüler hat eine *faire* Note bekommen.
   a) gerechte
   b) durchschnittliche

15. Die Tänzerin war sehr *graziös*.
   a) freundlich
   b) anmutig

VI. Was ist richtig?

1. Ist der Vogel .... ?
   a) brav
   b) artig
   c) *zahm*

2. Kleine Kinder sind manchmal ....
   a) ängstlich
   b) feige
   c) unmutig

3. Unsere Mittel sind leider ....
   a) klein
   b) eng
   c) knapp

4. Die Straßen waren ....
   a) geräumig
   b) weit
   c) breit

5. Ein so .... Tadel wird nichts nützen.
   a) wilder
   b) heftiger
   c) stürmischer

6. Inge wohnt uns .... gegenüber.
   a) schief
   b) schräg
   c) krumm

7. Es ist .... ein Trinkgeld zu geben.
   a) üblich
   b) gewöhnlich
   c) ordinär

8. Die Leute sind zu ...., um eine Urlaubsreise zu machen.
   a) dürftig
   b) arm
   c) kümmerlich

9. Das Wasser ist mir zu ....
   a) heiß
   b) schwül
   c) drückend

10. Soll ich die Eier .... kochen?
    a) weich
    b) mild
    c) sanft

11. Schade, daß Frau Schäfer so oft .... ist.
    a) krankhaft
    b) krank
    c) ungesund

12. Bei dieser .... Kälte bleibe ich lieber zu Hause.
    a) energischen
    b) strengen
    c) harten

13. Ich brauche eine .... Schüssel.
    a) seichte
    b) flache
    c) ebene

14. Wir haben uns .... mit Proviant versehen.
    a) reichlich
    b) reich
    c) viel

15. Ich will die .... Bücher nicht mit nach Hause schleppen.
    a) fetten
    b) beleibten
    c) dicken

VII. Es gibt Leute, die gerne übertreiben.

1. Was andere groß nennen, nennen sie *riesig*.

2. Wenn andere erstaunt sind, sind sie ....

3. Wo es andere kalt finden, finden sie es ....

4. Wenn andere niedergeschlagen sind, sind sie ....

5. Was anderen unangenehm ist, ist ihnen ....

6. Was andere gründlich ändern, ändern sie _____

7. Wen andere zerstreut finden, finden sie _____

8. Wenn andere erschreckt sind, sind sie _____

9. Wen andere eigensinnig nennen, nennen sie _____

10. Wen andere für genügsam halten, halten sie für _____

11. Was für andere lange dauert, dauert für sie _____

12. Wo es für andere dunkel ist, ist es für sie _____

13. Was andere als boshaft bezeichnen, bezeichnen sie als _____

a) asketisch	d) ewig	g) tückisch	j) verstockt
b) eisig	e) finster	h) unerträglich	k) verzweifelt
c) entsetzt	f) radikal	i) verblüfft	l) zerfahren

● **VIII. Weitere Übertreibungen**

1. Was andere für klein halten, halten sie für *winzig*.

2. Wenn andere sich unwohl fühlen, fühlen sie sich _____

3. Was andere für tief halten, halten sie für _____

4. Was für andere plötzlich geschieht, geschieht für sie _____

5. Wen andere für aufgeregt halten, halten sie für _____

6. Was anderen häßlich erscheint, erscheint ihnen _____

7. Was anderen schmerzlich ist, ist ihnen _____

8. Scheint anderen die Sonne heiß, so scheint sie ihnen _____

9. Was andere mutig nennen, nennen sie _____

10. Was andere für eindrucksvoll halten, halten sie für _____

11. Finden andere den Wind scharf, finden sie ihn _____

12. Nennen andere eine Handlung schlecht, nennen sie sie _____

13. Fühlen andere sich müde, fühlen sie sich _____

a) abstoßend	d) glühend	g) niederträchtig	j) schneidend
b) elend	e) jäh	h) qualvoll	k) überwältigend
c) erschöpft	f) kühn	i) rasend	l) unergründlich

Lösungen

I: 2i, 3c, 4b, 5l, 6a, 7d, 8g, 9f, 10j, 11h, 12e, 13k
II: 2a, 3a, 4b, 5b, 6a, 7b, 8a, 9b, 10a, 11a, 12a, 13a, 14b, 15b, 16a, 17b, 18a, 19a
III: 2c, 3b, 4a, 5a, 6b, 7c, 8b, 9a, 10c, 11c, 12b, 13a, 14c, 15a
IV: 2a, 3b, 4a, 5c, 6b, 7a, 8c, 9a, 10c, 11b, 12c
V: 2a, 3b, 4b, 5b, 6a, 7a, 8a, 9b, 10a, 11b, 12b, 13a, 14a, 15b
VI: 2a, 3c, 4c, 5b, 6b, 7a, 8b, 9a, 10a, 11b, 12b, 13b, 14a, 15c
VII: 2i, 3b, 4k, 5h, 6f, 7l, 8c, 9j, 10a, 11d, 12e, 13g
VIII: 2b, 3l, 4e, 5i, 6a, 7h, 8d, 9f, 10k, 11j, 12g, 13c

Wortfamilien

I. Verwechseln Sie nicht:

1. *fragwürdig, fraglich, gefragt:*

a) Diese neuen Küchenmaschinen sind sehr *gefragt.*

b) Ich finde sein Verhalten seiner Freundin gegenüber ausgesprochen *fragwürdig.*

c) Es ist *fraglich,* ob wir rechtzeitig ankommen.

2. *sorgfältig, besorgt, sorgenvoll:*

a) Ich bin _____, weil die Kinder noch nicht zu Hause sind.

b) Er legte die Sachen _____ in den Koffer.

c) Die Mutter beugte sich _____ über das todkranke Kind.

3. *anmaßend, angemessen, gemessen:*

a) Wenn du dich so _____ benimmst, verdirbst du dir jede Chance.

b) Die Summe scheint mir _____

c) Der Redner ging mit _____ Schritten zum Pult.

4. *recht, richtig, gerecht:*

a) Habe ich nicht _____ ?

b) Das war ein _____ Urteil.

c) Die Antwort war _____

5. *reizbar, gereizt, reizend:*

a) Wie _____ von Ihnen, mich abzuholen.

b) Sie ist immer nervös und _____

c) Man hörte der _____ Antwort an, wie sehr er sich ärgerte.

6. *rührend, gerührt, rührig:*

a) Die Schwester sorgte _____ für den Kranken.

b) Die alte Dame ist noch erstaunlich _____

c) Mich hat diese Sentimentalität nicht _____

7. *wählerisch, wählbar, gewählt:*

a) So _____ dürfen Sie nicht sein.

b) Sie spricht mir ein wenig zu _____

c) Mit 25 Jahren sind Sie _____

8. *beißend, bissig, verbissen:*

a) Vorsicht! _____ Hund.

b) Diese _____ Hartnäckigkeit wird dich auch nicht weiterbringen.

c) Er sprach mit _____ Ironie.

9. *abgeschmackt, schmackhaft, geschmackvoll:*

a) Laß diese _____ Witze.

b) Unsere Nachbarn sind sehr _____ eingerichtet.

c) Auch ein einfaches Essen kann _____ sein.

10. *allgemein, gemein, gemeinsam:*

a) Das ist doch _____ bekannt.

b) Wie _____ von dir!

c) Wir müssen _____ vorgehen.

11. *genug, genügend, genügsam:*

a) Man muß _____ sein und nicht alles haben wollen.

b) Die Examensarbeit war leider nur _____

c) Möchten Sie noch etwas? Danke, ich habe _____

12. *bewegt, beweglich, verwegen:*

a) Durch den _____ Einsatz eines Bergführers konnten
   die Verunglückten gerettet werden.

b) Die Verhandlungsführung muß _____ sein.

c) Das Meer ist heute sehr _____

33

● **II. Verwechseln Sie nicht:**

1. *irrsinnig, irrig, irrtümlich:*

a) Er hat mir *irrtümlich* 10.– DM zuviel herausgegeben.

b) Ich halte das für eine *irrige* Ansicht.

c) Es ist doch *irrsinnig,* für einen Teppich so viel Geld auszugeben.

2. *gierig, begierig, begehrt:*

a) Nicht so _____! Laß den andern auch noch etwas übrig.

b) Greifen Sie schnell zu! Dieser Artikel ist sehr _____

c) Er war nicht sehr _____, die Wahrheit zu hören.

3. *redselig, beredt, redlich:*

a) Sie können ihr vertrauen; sie ist _____

b) Der Abgeordnete trat mit _____ Worten für die Reform ein.

c) Frau Klein ist am Telefon. Das wird lange dauern; sie ist so _____

4. *entrüstet, gerüstet, rüstig:*

a) Er wies die Anschuldigung _____ von sich.

b) Die Forschungsreisenden waren für ihr Unternehmen gut _____

c) Der Achtzigjährige ist noch erstaunlich _____

5. *schweigsam, verschwiegen, stillschweigend:*

a) Der Streit wurde _____ begraben.

b) Warum so _____ heute?

c) Sie können ihm alles anvertrauen; er ist _____

6. *aufdringlich, eindringlich, vordringlich:*

a) Diese Arbeit ist _____; damit müssen wir sofort anfangen.

b) Auch _____ Ermahnungen haben nichts genutzt.

c) Warum gehst du Egon aus dem Weg? Ach, er ist so _____

7. *geblümt, verblümt, blumig:*

a) Hübsch, dieser .... Stoff!

b) Sagen Sie doch ehrlich Ihre Meinung! nicht so ....!

c) Diese altmodische .... Sprache ist kaum zu ertragen.

8. *vertraulich, vertraut, vertrauensvoll:*

a) Bitte, sprich nicht darüber! Das ist eine .... Mitteilung.

b) Sind Sie mit den einschlägigen Gesetzen ....?

c) Der Patient wandte sich .... an seinen Arzt.

9. *bindend, bündig, verbindlich:*

a) Er verabschiedete sich mit ein paar .... Worten.

b) Kurz und ...., ich bin nicht einverstanden.

c) Ich habe seine .... Zusage.

III. Verwechseln Sie nicht:

1. *unerhört, ungehörig:*

a) Es ist *ungehörig,* in einer Kirche zu rauchen.

b) Der Schauspieler hatte einen *unerhörten* Erfolg.

2. *unverwandt, unumwunden:*

a) Sie sagte .... ihre Meinung.

b) Die Kinder starrten den Fremden .... an.

3. *unausstehlich, unwiderstehlich:*

a) Ich weiß nicht, warum du heute so .... bist.

b) Frau Müller zögerte, aber die Sahnetorte war ....

4. *ungesättigt, unersättlich:*

a) Der Junge ist ein .... Leser von Abenteuergeschichten.

b) Keine Hausfrau läßt ihre Gäste gerne .... aufstehen.

35

5. *ungebunden, unbändig:*

a) Peter ist noch Junggeselle und ganz ....

b) Das Publikum lachte .... über die Witze des Komikers.

6. *unaufhaltsam, ungehalten:*

a) Die Preissteigerung wird .... ihren Weg nehmen.

b) Der Richter war .... über die Äußerung aus dem Publikum.

7. *unbeschreiblich, unbeschrieben:*

a) Der junge Mann ist noch ein ganz .... Blatt.

b) Es war .... heiß.

8. *ungebeten, unerbittlich:*

a) Die Betrunkenen verlangten Eintritt, aber der Portier ließ die ....
.... Gäste nicht herein.

b) Trotz aller Tränen blieb die Mutter ....

Lösungen

I: 2a besorgt, 2b sorgfältig, 2c sorgenvoll, 3a anmaßend, 3b angemessen, 3c ge-
    messenen, 4a recht, 4b gerechtes, 4c richtig, 5a reizend, 5b reizbar, 5c gereizten,
    6a rührend, 6b rührig, 6c gerührt, 7a wählerisch, 7b gewählt, 7c wählbar,
    8a bissiger, 8b verbissene, 8c beißender, 9a abgeschmackten, 9b geschmackvoll,
    9c schmackhaft, 10a allgemein, 10b gemein, 10c gemeinsam, 11a genügsam,
    11b genügend, 11c genug, 12a verwegenen, 12b beweglich, 12c bewegt

II: 2a gierig, 2b begehrt, 2c begierig, 3a redlich, 3b beredten, 3c redselig, 4a ent-
    rüstet, 4b gerüstet, 4c rüstig, 5a stillschweigend, 5b schweigsam, 5c verschwiegen,
    6a vordringlich, 6b eindringliche, 6c aufdringlich, 7a geblümte, 7b verblümt,
    7c blumige, 8a vertrauliche, 8b vertraut, 8c vertrauensvoll, 9a verbindlichen,
    9b bündig, 9c bindende

III: 2a unumwunden, 2b unverwandt, 3a unausstehlich, 3b unwiderstehlich, 4a un-
     ersättlich, 4b ungesättigt, 5a ungebunden, 5b unbändig, 6a unaufhaltsam, 6b un-
     gehalten, 7a unbeschriebenes, 7b unbeschreiblich, 8a ungebetenen, 8b unerbittlich

Endsilben

I. -lich oder -bar?

1. *absehbar, absichtlich:*

a) Er hat das sicher nicht *absichtlich* getan.

b) In *absehbarer* Zeit wird sich daran nichts ändern.

2. *haltbar, erhältlich:*

a) Wo ist dieses Material _____ ?

b) Der Stoff scheint mir nicht sehr _____ zu sein.

3. *greifbar, begreiflich:*

a) Das Buch ist leider im Augenblick nicht _____

b) Es war ein _____ Irrtum.

4. *wunderbar, wunderlich:*

a) _____ , wie Sie das gemacht haben!

b) Schade, daß die alte Frau so _____ geworden ist.

5. *brauchbar, gebräuchlich:*

a) Dieser Ausdruck ist nicht mehr _____

b) Ist die Maschine wirklich nicht mehr _____ ?

6. *lösbar, löslich:*

a) Das Pulver ist leicht _____

b) Die Aufgabe war kaum _____

7. *denkbar, bedenklich:*

a) Es ist kaum _____ , daß sie ihren Entschluß noch ändert.

b) Finden Sie diesen Plan nicht auch _____ ?

8. *erkennbar, erkenntlich:*

a) Ich möchte mich gern ⸺⸺⸺⸺⸺⸺⸺ zeigen.

b) Ihre Verstimmung war deutlich ⸺⸺⸺⸺⸺⸺⸺

9. *sonderbar, sonderlich:*

a) Sie hat sich nicht ⸺⸺⸺⸺⸺⸺⸺ gefreut.

b) Wie ⸺⸺⸺⸺⸺⸺⸺ , daß Sie das nicht sofort gemerkt haben.

● **II. Was ist richtig?**

1. Sein Gesichtsausdruck war *undeutbar*.
   a) undeutlich
   b) undeutbar

2. Ich halte diesen Weg nicht für ⸺⸺⸺⸺⸺
   a) gangbar
   b) vergänglich

3. Der neue Kunststoff ist sehr gut ⸺⸺⸺⸺⸺
   a) förmlich
   b) formbar

4. Das war nur ⸺⸺⸺⸺⸺ gemeint.
   a) bildlich
   b) bildbar

5. Ihre Fortschritte sind ⸺⸺⸺⸺⸺
   a) beachtlich
   b) achtbar

6. Seine Artikel sind wirklich gut ⸺⸺⸺⸺⸺
   a) leserlich
   b) lesbar

7. Die Schloßruine ist nicht mehr ⸺⸺⸺⸺⸺
   a) wohnlich
   b) bewohnbar

8. Mein neues Fernsehgerät ist ⸺⸺⸺⸺⸺
   a) erträglich
   b) tragbar

9. Der Fernsehtisch ist ⸺⸺⸺⸺⸺
   a) gefährlich
   b) fahrbar

10. Die Küste ist noch nicht ⸺⸺⸺⸺⸺
    a) sichtlich
    b) sichtbar

11. Das ist schon seit ⸺⸺⸺⸺⸺ Zeiten so.
    a) undenklich
    b) undenkbar

12. ⸺⸺⸺⸺⸺ hat er sich doch wieder anders entschieden.
    a) schließlich
    b) verschließbar

III. -lich oder -ig?

1. *geschäftig, geschäftlich:*

a) Ich habe in Köln *geschäftlich* zu tun.

b) Die Wirtin lief *geschäftig* umher.

2. *tauglich, tüchtig:*

a) Das war ein _____ Stück Arbeit.

b) Glauben Sie, daß er für diese Arbeit _____ ist?

3. *schlüssig, schließlich:*

a) Sie müssen es _____ am besten wissen.

b) Ich halte das nicht für einen _____ Beweis.

4. *zeitig, zeitlich:*

a) Ich möchte schon mitmachen, aber ich kann es _____ nicht schaffen.

b) Bitte, kommen Sie _____!

5. *abhängig, anhänglich:*

a) Die Kleine ist so _____, ich möchte sie nicht enttäuschen.

b) Es ist oft hart, _____ zu sein.

6. *willig, willentlich:*

a) Er hat Sie sicher nicht _____ verletzt.

b) Wenn du nicht _____ mitarbeitest, kannst du es auch bleiben lassen.

7. *tätig, tätlich:*

a) Wie schön, daß Sie in Ihrem Alter noch so _____ sein können.

b) Der Betrunkene wurde _____

8. *farbig, farblich:*

a) Die Qualität ist gut, aber _____ gefällt mir der Teppich nicht.

b) Sie gab eine _____ Schilderung ihrer Abenteuer auf der Reise.

● **IV. Was ist richtig?**

1. Leider hat er gar keine *geistigen* Interessen.
   a) geistlich
   b) geistig

2. Der alten Frau wurde die Arbeit doch recht
   ....
   a) beschwerlich
   b) schwierig

3. Wir müssen neben der privaten auch die .... Seite berücksichtigen.
   a) rechtliche
   b) richtige

4. Sie können eine .... Anzahl Devisen mitnehmen.
   a) liebliche
   b) beliebige

5. Das ist nur so eine .... Redensart.
   a) zugängliche
   b) gängige

6. Schließlich saßen die alten Freunde doch wieder .... zusammen.
   a) einträglich
   b) einträchtig

7. Ich möchte eine .... Antwort, keine Redensarten.
   a) verbindliche
   b) bündige

8. Trotz seiner Jugend zeigt er ein sehr .... Benehmen.
   a) verständliches
   b) verständiges

9. Wer .... zu lernen ist, wird seinen Weg machen.
   a) begehrlich
   b) begierig

10. Der Vertrag sieht eine .... Kündigungsfrist vor.
    a) monatliche
    b) einmonatige

V. -lich oder -sam?

1. *greulich, grausam:*

a) Wir hatten im Urlaub *greuliches* Wetter.

b) Es ist *grausam*, einen Hund an einer so kurzen Kette zu halten.

2. *spärlich, sparsam:*

a) Mit diesem Mittel müssen Sie .... umgehen.

b) Er mußte mit seinen .... Mitteln sehr haushalten.

3. *betrieblich, betriebsam:*

a) Herr Müller hat _____ Schwierigkeiten.

b) Setz dich doch einmal hin und sei nicht immer so _____ !

4. *länglich, langsam:*

a) Er hatte ein _____ Paket unter dem Arm.

b) Wenn man zu _____ fährt, bildet man schnell den Kopf einer Autoschlange.

5. *wirklich, wirksam:*

a) Ist dieses Medikament auch _____ ?

b) Hat sie das _____ gesagt?

6. *empfindsam, empfindlich:*

a) Drück nicht so, die Stelle ist noch _____

b) Das Kind ist sehr zartfühlend und _____

7. *fürchterlich, furchtsam:*

a) Die Aufführung war einfach _____ !

b) Petra ist so _____ ; sie ängstigt sich vor allem.

8. *beachtlich, achtsam:*

a) Die Firma hat im letzten Jahr eine _____ Umsatzsteigerung erzielt.

b) Sei _____ und tritt nicht auf die jungen Pflänzchen.

VI. -ig, -lich oder -haft?

1. *neblig, nebelhaft:*

a) Ich habe nur eine *nebelhafte* Erinnerung an das Zusammentreffen.

b) Wenn es so *neblig* bleibt, werden wir nicht landen können.

2. *ständig, standhaft:*

a) Alle Achtung. Er ist _____ geblieben.

b) Dir kann man nichts recht machen. Du nörgelst _____

3. *stattlich, statthaft:*

a) Es ist nicht _____ , Bibliotheksbücher länger als einen Monat
   zu behalten.

b) Das ist ein _____ Ergebnis.

4. *nämlich, namhaft:*

a) Die Anlage ist von einem _____ Architekten geschaffen worden.

b) Das war der _____ Kerl, den ich schon einmal weggeschickt habe.

5. *schrecklich, schreckhaft:*

a) Vorsicht! Sie ist sehr _____

b) Bei diesem _____ Regen kannst du doch nicht ausgehen.

6. *schmerzlich, schmerzhaft:*

a) Die Wunde ist noch sehr _____

b) Es war eine _____ , aber notwendige Entscheidung.

7. *lebendig, lebhaft:*

a) Ich fühle mich heute abend mehr tot als _____

b) Die Laienspieler freuten sich über den _____ Beifall.

8. *herzlich, herzhaft:*

a) Die Kinder haben einen _____ Appetit.

b) _____ Dank für Ihre Hilfe.

9. *kränklich, krankhaft:*

a) Dein Mißtrauen ist nahezu _____

b) Meine Mutter ist schon lange _____

10. *schädlich, schadhaft:*

a) Der Teppich ist _____

b) Ich glaube nicht, daß das Fernsehen _____ ist.

11. *gläubig, glaubhaft:*

a) Ich halte seine Erklärung für durchaus _____

b) Wer _____ ist, erträgt die Härten des Lebens leichter.

12. *männlich, mannhaft:*

a) Sein _____ Widerstand gegen das Regime trug ihm im Ausland hohe Achtung ein.

b) Nur der _____ Teil der Bevölkerung wird zur Bundeswehr eingezogen.

VII. -lich oder -isch?

1. *kindlich, kindisch:*

a) Seien Sie froh, daß Ihre Tochter noch so *kindlich* ist.

b) Was soll dieser *kindische* Unsinn?

2. *bäuerlich, bäurisch:*

a) _____ Trachten verschwinden immer mehr.

b) Benimm dich nicht so _____ !

3. *herrlich, herrisch:*

a) Der _____ Ton des Chefs ärgerte die Angestellten.

b) Wirklich eine _____ Landschaft!

4. *parteilich, parteiisch:*

a) Die inner _____ Schwierigkeiten nahmen immer mehr zu.

b) Versuche, die Angelegenheit objektiv und nicht _____ zu beurteilen.

5. *göttlich, abgöttisch:*

a) Der Mann liebte seine Frau ....

b) Im Altertum genossen die Herrscher manchmal .... Ehren.

6. *angeblich, angeberisch:*

a) Der Angeklagte war .... am Abend zu Hause.

b) Dieser Lebenslauf ist mir zu ....

7. *künstlich, künstlerisch:*

a) Leider hat der Raum nur .... Licht.

b) An dem .... Wert der Ausstellung wurde vielfach gezweifelt.

8. *heimlich, heimisch:*

a) Die Flüchtlinge sind .... über die Grenze gekommen.

b) Es dauerte lange, bis er sich an seinem neuen Wohnort .... fühlte.

Lösungen

I: 2a erhältlich, 2b haltbar, 3a greifbar, 3b begreiflicher, 4a wunderbar, 4b wunder-
      lich, 5a gebräuchlich, 5b brauchbar, 6a löslich, 6b lösbar, 7a denkbar, 7b be-
      denklich, 8a erkenntlich, 8b erkennbar, 9a sonderlich, 9b sonderbar

II: 2a, 3b, 4a, 5a, 6a, 7b, 8b, 9b, 10b, 11a, 12a

III: 2a tüchtiges, 2b tauglich, 3a schließlich, 3b schlüssigen, 4a zeitlich, 4b zeitig,
      5a anhänglich, 5b abhängig, 6a willentlich, 6b willig, 7a tätig, 7b tätlich, 8a farb-
      lich, 8b farbige

IV: 2a, 3a, 4b, 5b, 6b, 7a, 8b, 9b, 10b

V: 2a sparsam, 2b spärlichen, 3a betriebliche, 3b betriebsam, 4a längliches, 4b lang-
      sam, 5a wirksames, 5b wirklich, 6a empfindlich, 6b empfindsam, 7a fürchterlich,
      7b furchtsam, 8a beachtliche, 8b achtsam

VI: 2a standhaft, 2b ständig, 3a statthaft, 3b stattliches, 4a namhaften, 4b nämliche,
      5a schreckhaft, 5b schrecklichen, 6a schmerzhaft, 6b schmerzliche, 7a lebendig,
      7b lebhaften, 8a herzhaften, 8b herzlichen, 9a krankhaft, 9b kränklich, 10a schad-
      haft, 10b schädlich, 11a glaubhaft, 11b gläubig, 12a mannhafter, 12b männliche

VII: 2a bäuerliche, 2b bäurisch, 3a herrische, 3b herrliche, 4a parteilichen, 4b par-
      teiisch, 5a abgöttisch, 5b göttliche, 6a angeblich, 6b angeberisch, 7a künstliches,
      7b künstlerischen, 8a heimlich, 8b heimisch

Adjektive und Adverbien gleichen Stammes mit verschiedenen Endsilben

-lich	-bar	-ig	-sam	-isch	-haft
absichtlich	absehbar				
angeblich				angeberisch	
anhänglich		abhängig			
bäuerlich				bäurisch	
beachtlich	achtbar		achtsam		
bedenklich	denkbar	bedächtig	bedachtsam		
begehrlich		begierig			
begreiflich	greifbar				
beschwerlich		schwierig			
betrieblich			betriebsam		triebhaft
	biegbar		biegsam		
bildlich	bildbar		bildsam		bildhaft
deutlich	deutbar		bedeutsam		
dienstlich/	dienstbar				
dienlich					
ehrlich	ehrbar		ehrsam		
einträglich		einträchtig			
erhältlich	haltbar				
empfindlich			empfindsam		
farblich		farbig			
förmlich	formbar				formelhaft
fröhlich		freudig			
		geduldig	duldsam		
gefährlich	fahrbar	fahrig			
geistlich		geistig			geisterhaft
genüßlich	genießbar			genießerisch	
geschäftlich		geschäftig			
		gewaltig	gewaltsam		
glaublich		gläubig			glaubhaft
göttlich				abgöttisch	
gütlich		gütig			
greulich			grausam		grauenhaft
		gelehrig	gelehrsam		

-lich	-bar	-ig	-sam	-isch	-haft
		heilig	heilsam		
heimlich				heimisch	
herrlich				herrisch	
herzlich		herzig			herzhaft
höflich				höfisch	
	hörbar	hörig	gehorsam		
kindlich				kindisch	
köstlich	kostbar				
kränklich					krankhaft
künstlich				künstlerisch	
länglich			langsam		
		launig		launisch	
		lebendig			lebhaft
leiblich					leibhaft
leserlich	lesbar				
löslich	lösbar				
lieblich		beliebig			
männlich					mannhaft
nämlich					namhaft
nützlich	nutzbar				
		neblig			nebelhaft
öffentlich	offenbar				
parteilich				parteiisch	
rätlich			ratsam		
rechtlich		richtig			
		riesig			riesenhaft
	zerreißbar	rissig		reißerisch	
schädlich					schadhaft
schmerzlich					schmerzhaft
schließlich	verschließbar	schlüssig			
				schmeichle-risch	schmeichel-haft
schrecklich					schreckhaft

-lich	-bar	-ig	-sam	-isch	-haft
sichtlich	sichtbar				
sonderlich	sonderbar				
spärlich			sparsam		
stattlich					statthaft
stimmlich	bestimmbar				stimmhaft
		ständig		ständisch	
sträflich	strafbar				
			strebsam	streberisch	
	streitbar	strittig			
tätlich		tätig			
tauglich		tüchtig			tugendhaft
				träumerisch	traumhaft
trefflich		triftig			
tröstlich	tröstbar				
verbindlich		bündig			
vermutlich		mutig			
verständlich		verständig			
wahrscheinlich		scheinbar			
wesentlich					wesenhaft
weiblich				weibisch	
willentlich		willig			
wirklich			wirksam		
wohnlich	bewohnbar				wohnhaft
wunderlich	wunderbar				
	zählbar	unzählig			
zeitlich	zeitig				

Das Nomen

Gegensätze

I. Fräulein A wünscht sich: **Was scheut Sie?**

1. Freundschaft   *Feindschaft*

2. Liebe   ....

3. Freude   ....

4. Zufriedenheit   ....

5. Muße   ....

6. Zuneigung   ....

7. Anteilnahme   ....

8. Hilfsbereitschaft   ....

9. Geborgenheit   ....

10. Heiterkeit   ....

11. Tätigkeit   ....

12. Nachsicht   ....

a) e Abneigung   d) e Härte   g) s Leid   j) e Unrast
b) r Eigennutz   e) r Haß   h) e Traurigkeit   k) e Unzufrieden-
c) e Gleichgültigkeit   f) e Langeweile   i) e Verlassenheit   heit

II. Herr B sucht im Beruf: **Was fürchtet er?**

1. Erfolg   *Mißerfolg*

2. Vertrauen   ....

3. Aufrichtigkeit   ....

4. Lob   ....

5. Rücksicht ....

6. Entgegenkommen ....

7. Höflichkeit ....

8. Anerkennung ....

9. Zustimmung ....

10. Nutzen ....

11. Gewinn ....

12. Ehre ....

a) r Argwohn   d) e Rücksichts-   f) e Schande   i) r Verlust
b) e Grobheit   losigkeit   g) r Tadel   j) r Widerspruch
c) e Mißachtung e) r Schaden   h) e Verlogenheit k) e Zurückweisung

III. Herr C verlangt für das öffentliche Leben: Was lehnt er ab?

1. Freiheit   *Zwang*

2. Toleranz ....

3. Fortschritt ....

4. Frieden ....

5. Gerechtigkeit ....

6. Sicherheit ....

7. Aufbau ....

8. Treue ....

9. Ordnung ....

10. Fülle ....

11. Sieg ....

12. Ruhm ....

a) s Chaos   d) r Krieg   g) e Schmach   k) e Willkür
b) r Fanatismus e) r Mangel   i) r Stillstand l) e Zerstörung
c) e Gefahr   f) e Niederlage j) r Verrat

4 – 5582

Übergeordnete Begriffe

I. Ergänzen Sie:

1. Geige und Klavier sind   *Musikinstrumente.*
2. Uhr und Waage sind
3. Gold und Blei sind
4. Smaragd und Rubin sind
5. Ring und Brosche sind
6. Rose und Veilchen sind
7. Eiche und Tanne sind
8. Löwe und Maus sind
9. Bäume und Blumen sind
10. Banane und Apfel sind
11. Messer und Gabel sind
12. Mechaniker und Schlosser sind
13. Jongleur und Seiltänzer sind
14. Rechtsanwalt und Richter sind
15. Chemiker und Biologe sind
16. Schauspieler und Sänger sind
17. Kilometer und Kilogramm sind
18. Härte und Dehnbarkeit sind
19. Fleiß und Ehrlichkeit sind
20. Geiz und Trunksucht sind

a) Artisten
b) Bäume
c) Besteck
d) Blumen
e) Edelsteine
f) Eigenschaften
g) Handwerker
h) Juristen
i) Künstler
j) Maße
k) Meßgeräte
l) Metalle
m) Naturwissen-
schaftler
n) Obst
o) Pflanzen
p) Schmuck
q) Tiere
r) Tugenden
s) Laster

II. Bilden Sie die übergeordneten Begriffe mit der Vorsilbe Ge- oder mit den Grundwörtern -mittel, -stück, -zeug:

1. Eine U-Bahn ist ein   *Verkehrsmittel.*

2. Eine Münze ist ein   ....

3. Ein Rathaus ist ein   ....

4. Ein Wagen ist ein   ....

5. Ein Hammer ist ein   ....

6. Eine Vase ist ein   ....

7. Ein Mantel ist ein   ....

8. Der Mars ist ein   ....

9. Ein Brief ist ein   ....

10. Ein Bach ist ein   ....

11. Ein Koffer ist ein   ....

12. Eine Puppe ist ein   ....

13. Coca Cola ist ein   ....

14. Weizen ist ein   ....

15. Tabak ist ein   ....

16. Kohl ist ein   ....

17. Baldrian ist ein   ....

18. Penizillin ist ein   ....

19. Pfeffer ist ein   ....

20. Bleistifte sind   ....

21. Kopfkissen sind   ....

22. Nadeln sind   ....

a) Gebäude
b) Gefäß
c) Gemüse
d) Gestirn
e) Getränk
f) Getreide
g) Gewässer
h) Gewürz
i) Beruhigungsmittel
j) Genußmittel
k) Heilmittel
l) Geldstück
m) Gepäckstück
n) Kleidungsstück
o) Schriftstück
p) Fahrzeug
q) Bettzeug
r) Nähzeug
s) Schreibzeug
t) Spielzeug
u) Werkzeug

Zuordnungen

I. Ergänzen Sie:

1. Von einem Richter erwarten wir   *Gerechtigkeit,*
2. von einem Handwerker   ....
3. von einem Schauspieler   ....
4. von einem Künstler   ....
5. von einem Akrobaten   ....
6. von einem Redner   ....
7. von einem Priester   ....
8. von einem Freund   ....
9. von einem Arzt   ....
10. von einem Studenten   ....
11. von einem Polizisten   ....
12. von einem Soldaten   ....
13. von einem Diplomaten   ....
14. von einem Sportler   ....
15. von einem Kassierer   ....

a) Ausdauer
b) Disziplin
c) Ehrlichkeit
d) Formgefühl
e) Frömmigkeit
f) Gelenkigkeit
g) Geschicklichkeit
h) Gewandtheit
i) Gewissenhaftig-
keit
j) Treue
k) Überzeugungs-
kraft
l) Verwandlungs-
fähigkeit
m) Wachsamkeit
n) Wißbegierde

II. Ergänzen Sie:

1. Ein Rechtsanwalt hat   *Klienten,*
2. ein Arzt   ....
3. ein Hauswirt   ....

4. ein Wirt ....

5. ein Professor ....

6. ein Konzert ....

7. ein Museum ....

8. eine Bibliothek ....

9. ein Verein ....

10. eine Tagung ....

11. eine Zeitung ....

12. die Industrie ....

13. ein Bus ....

14. ein Haus ....

15. eine Stadt ....

a) Abnehmer	e) Bewohner	i) Hörer	m) Teilnehmer
b) Abonnenten	f) Einwohner	j) Mieter	n) Zuhörer
c) Benutzer	g) Fahrgäste	k) Mitglieder	
d) Besucher	h) Gäste	l) Patienten	

III. Ergänzen Sie:

1. Ein Student hat *Kommilitonen,*

2. ein Soldat ....

3. ein Lehrer ....

4. ein Pfarrer ....

5. ein Verbrecher ....

6. ein Sänger einen ....

7. ein Bergmann ....

8. eine Tänzerin einen ....

a) Amtsbrüder	c) Kameraden	e) Komplizen	g) Partner
b) Begleiter	d) Kollegen	f) Kumpel	

IV. Ergänzen Sie:

1. Ein Angestellter erhält   *Gehalt,*
2. ein Arbeiter   ....
3. ein Soldat   ....
4. ein Matrose   ....
5. ein Arzt   ....
6. ein Schauspieler   ....
7. ein Hauswirt   ....
8. ein Kellner   ....
9. ein alter Beamter   ....
10. ein alter Arbeiter   ....
11. ein Kind   ....
12. ein Sparer   ....
13. ein Aktionär   ....
14. der Staat   ....
15. eine Behörde   ....

a) e Dividende   e) s Honorar   i) e Rente   m) s Trinkgeld
b) e Gage   f) r Lohn   j) r Sold   n) Zinsen (Pl.)
c) e Gebühr   g) e Miete   k) e Steuer
d) e Heuer   h) e Pension   l) s Taschengeld

V. Ergänzen Sie:

1. Von Uhren erwarten wir, daß sie   *zuverlässig*   sind,
2. von Lebensmitteln   ....
3. von Sesseln   ....
4. von Zügen   ....
5. von Kleidern   ....
6. von Handschriften   ....

7. von Kriminalromanen

8. von Winterschuhen

9. von Apfelsinen

10. von Bremsen

11. von Waagen

12. von Messern

13. von Nadeln

14. von Reklamesendungen

a) bequem	d) geschmackvoll	g) scharf	j) spannend
b) frisch	e) leserlich	h) sicher	k) spitz
c) genau	f) pünktlich	i) solide	l) süß
			m) wirkungsvoll

Lösungen

Gegensätze

I: 2e, 3g, 4k, 5j, 6a, 7c, 8b, 9i, 10h, 11f, 12d

II: 2a, 3h, 4g, 5d, 6k, 7b, 8c, 9j, 10e, 11i, 12f

III: 2b, 3i, 4d, 5k, 6c, 7l, 8j, 9a, 10e, 11f, 12g

Übergeordnete Begriffe

I: 2k, 3l, 4e, 5p, 6d, 7b, 8q, 9o, 10n, 11c, 12g, 13a, 14h, 15m, 16i, 17j, 18f, 19r, 20s

II: 2l, 3a, 4p, 5u, 6b, 7n, 8d, 9o, 10g, 11m, 12t, 13e, 14f, 15j, 16c, 17i, 18k, 19h, 20s, 21q, 22r

Zuordnungen

I: 2g, 3l, 4d, 5f, 6k, 7e, 8j, 9i, 10n, 11m, 12b, 13h, 14a, 15c

II: 2l, 3j, 4h, 5i, 6n, 7d, 8c, 9k, 10m, 11b, 12a, 13g, 14e, 15f

III: 2c, 3d, 4a, 5e, 6b, 7f, 8g

IV: 2f, 3j, 4d, 5e, 6b, 7g, 8m, 9h, 10i, 11l, 12n, 13a, 14k, 15c

V: 2b, 3a, 4f, 5d, 6e, 7j, 8i, 9l, 10h, 11c, 12g, 13k, 14m

Synonyme

● **I. Das Wort „Interesse" kann ersetzt werden durch:**

a) r Anteil   c) s Augenmerk   e) e Bedeutung   g) r Vorteil
b) e Aufmerksamkeit   d) e Beachtung   f) r Gefallen   h) Belange (Pl.)

1. Die Gewerkschaften vertreten die Interessen / *Belange* der Arbeitnehmer.

2. Das ist in diesem Zusammenhang ohne jedes Interesse / ohne jede
   ....

3. Es ist in deinem Interesse / zu deinem .... zu tun, was
   ich vorgeschlagen habe.

4. Das Interesse / die .... der Zuhörer ließ rasch nach.

5. Bitte, richten Sie Ihr Interesse / Ihr .... besonders auf
   diesen Punkt.

6. Daß ein solches Buch allgemeines Interesse / allgemeine ....
   finden konnte, ist mir unbegreiflich.

7. Sie hat für alles Interesse / nimmt an allem ....

8. Ich habe keinerlei Interesse / .... an dieser Art Musik.

● **II. Das Wort „Idee" kann ersetzt werden durch:**

a) e Absicht   d) r Einfall   g) e Spur   j) ein wenig
b) e Ahnung   e) r Grundgedanke   h) r Vorschlag
c) e Andeutung   f) r Plan   i) e Vorstellung

1. An die Suppe muß noch eine Idee / *ein wenig* Salz.

2. Haben Sie eine Idee / .... , wann er zurückkommt?

3. Ist sie krank? Keine Idee / .... , sie ist nur faul.

4. Können Sie uns nicht wenigstens eine Idee / .... davon
   geben, was Sie vorhaben?

5. Wer ist denn auf die dumme Idee / den _____ gekommen, Müller und Klein zusammen einzuladen?

6. Es war Stephans Idee / _____ , in dieses Lokal zu gehen.

7. Eigentlich war es meine Idee / _____ , dir damit eine Freude zu machen.

8. Manche Leute haben die Idee / _____ , man könne auch ohne Arbeit reich werden.

9. Sie hat immer eine Menge Ideen / _____ , aber nichts wird verwirklicht.

10. Die Idee / der _____ ist richtig, aber die Folgerungen scheinen mir angreifbar.

III. Menschen oder Leute?

1. Aus Kindern werden *Leute*.

2. Auf der Erde leben über drei Milliarden _____

3. Schließlich sind wir alle nur _____

4. Wenn du bei deinem Entschluß bleibst, sind wir geschiedene _____

5. Was werden die _____ dazu sagen?

6. Ich möchte Land und _____ kennenlernen.

7. Ein _____ feind, 8. ein _____ schinder,

9. ein _____ kenner.

IV. Ding oder Sache?

1. Das geht nicht mit rechten *Dingen* zu.

2. Mit diesen _____ will ich nichts zu tun haben.

3. Kommen Sie zu _____ !

4. Das ist leider ein _____ der Unmöglichkeit.

5. Pack deine Sieben _____ ein!

6. Es geht hier um d_____, nicht um die Person.

7. Vor Gott ist kein _____ unmöglich.

8. Bring d_____ _____ in Ordnung!

9. Herr Müller ist heute guter _____

10. Das ist ja ein reizende_____ kleine_____ _____

● **V. Schluß oder Ende?**

1. Mit dem Kranken geht es zu *Ende*.

2. Wir müssen _____ machen.

3. Am _____ der Straße liegt die Post.

4. Die Rede nahm kein _____

5. Jetzt aber _____ !

6. Ich habe nur noch ein klein_____ _____ Wurst.

7. Immer wieder wird d_____ _____ der Welt prophezeit.

8. Das ist eine Schraube ohne _____

9. Wir wollen unter diese Geschichte einen _____strich ziehen.

● **VI. Maschine, Gerät, Apparat oder Instrument?**

1. Hier gibt es Elektro*geräte*.

2. Der Chirurg prüft seine _____

3. Stell das Radio_____ an!

4. Sie sitzt gerade an ihrer Schreib_____

5. Sein Rasier_____ ist entzwei.

6. Funktioniert Ihr Foto_____ nicht mehr?

7. Näh_____ sind billiger geworden.

8. Die Garten_____ sind schon im Schuppen.

9. Wie viele _____ spielst du eigentlich?

10. In den Fabriken stehen die _____ selten still.

VII. Falsche Freunde. Welches deutsche Wort entspricht dem Fremdwort?

1. Hört endlich mit dem *Spektakel* auf!
    a) *Lärm*
    b) Schauspiel

2. Haben Sie Ihre *Provision* bekommen?
    a) Vergütung
    b) Verpflegung

3. Was sind das für *Phrasen!*
    a) leere Worte
    b) Sätze

4. Der *Etat* ist in Unordnung.
    a) Staat
    b) Haushaltsplan

5. Der *Superintendent* ist da.
    a) höherer Polizeibeamter
    b) Geistlicher

6. Kümmere dich nicht um die *Bagage!*
    a) schlechtes Volk
    b) Gepäck

7. Der *Komfort* war sehr angenehm.
    a) Bequemlichkeit
    b) Trost

8. Hat es einen *Konkurs* gegeben?
    a) Auflauf
    b) geschäftlicher Zusammenbruch

9. Die Kinder liefen ins *Gymnasium.*
    a) Turnhalle
    b) höhere Schule

10. Wer ist der Verfasser dieser *Novelle?*
    a) Erzählung
    b) Roman

11. Hat sie die *Bowle* schon gebracht?
    a) Kugel
    b) Getränk

Lösungen

I: 2e, 3g, 4b, 5c, 6d, 7a, 8f
II: 2b, 3g, 4c, 5d, 6h, 7a, 8i, 9f, 10e
III: 2 Menschen, 3 Menschen, 4 Leute, 5 Leute, 6 Leute, 7 Menschen-, 8 Leute-, 9 Menschen-
IV: 2 Dingen, 3 zur Sache, 4 Ding, 5 -sachen, 6 Sache, 7 Ding, 8 Sachen, 9 Dinge, 10 Ding
V: 2 Schluß, 3 Ende, 4 Ende, 5 Schluß, 6 Ende, 7 Ende, 8 Ende, 9 Schluß-
VI: 2 Instrumente, 3 -gerät, 4 -maschine, 5 -apparat, 6 -apparat, 7 -maschinen, 8 -geräte, 9 Instrumente, 10 Maschinen
VII: 2b, 3a, 4b, 5b, 6a, 7a, 8b, 9b, 10a, 11b

Wortfamilien

● **I. Verwechseln Sie nicht:**

1. *s Aussehen, e Aussicht, Aussichten:*

a) Von hier oben hat man eine wunderbare *Aussicht.*

b) Welche _____ haben Sie in diesem Beruf?

c) Dem _____ nach müßte sie über fünfzig sein.

2. *e Grube, s Grab, r Graben:*

a) Die wilde Fahrt endete im Straßen_____

b) Der Weg führt an einer Kies_____ vorbei.

c) Das _____ Heines befindet sich auf einem Pariser
Friedhof.

3. *r Flug, r Flügel, e Fliege:*

a) Eine lästige _____!

b) Der _____ war sehr anstrengend.

c) Der Schwan breitete seine _____ aus.

4. *e Pflege, e Pflicht, e Gepflogenheit:*

a) Es ist schwer, alte _____ aufzugeben.

b) Familie Kurz hat ein Kind in _____ genommen.

c) Jeder sollte seine _____ tun.

5. *e Fahrt, e Fähre, e Fährte:*

a) Wir wollen hier mit der Auto_____ übersetzen.

b) Nach kurzer _____ waren sie am Ziel.

c) Die Polizei hat die _____ des Ausbrechers inzwischen
verloren.

6. *s Faß, s Gefäß, e Fassung:*

a) Sie verlor einen Augenblick völlig d............ ....

b) Er hat eine Gestalt wie ein ....

c) Haben Sie nicht ein kleineres .... ?

7. *r Bedarf, s Bedürfnis, e Dürftigkeit:*

a) Der .... an Haushaltsmaschinen wächst ständig.

b) Die .... des Zimmers schreckte den Mieter ab.

c) Die Werbung versucht immer neue .... zu wecken.

8. *r Gedanke, r Dünkel, s Gedächtnis:*

a) Mein .... hat mich wieder im Stich gelassen.

b) Der .... scheint mir gut.

c) Dieser .... wird langsam unerträglich.

9. *r Gläubige, r Gläubiger, r Glaube:*

a) Meine .... wollen nicht länger als bis zum Ende des
   Monats warten.

b) Die .... versammelten sich vor der Kirche.

c) Er hat den .... an die Menschen verloren.

10. *e Ziehung, e Beziehung, e Erziehung:*

a) Über .... wird es immer verschiedene Theorien geben.

b) Wann ist die .... der Lottozahlen?

c) Ich habe keine .... zur Presse.

11. *e Last, e Belastung, e Ladung:*

a) Der Wagen bringt von Köln eine neue .... Kohlen zurück.

b) Ich möchte Ihnen keine neue .... zumuten.

c) Er trug schwer an der .... seines Amtes.

II. Verwechseln Sie nicht:

1. *s Wissen, s Gewissen, s Bewußtsein:*
a) Man sah ihm sein schlechtes *Gewissen* an.
b) Sie schwieg im .... ihrer Schuld.
c) Ihr .... auf diesem Gebiet ist bewundernswert.

2. *e Neuheit, e Neuigkeit, e Erneuerung:*
a) Unser Artikel ist eine umwälzende .... auf dem Gebiet
der Landmaschinen.
b) Wir müssen uns um die .... unseres Mietvertrages kümmern.
c) Ich kann Ihnen ein paar unglaubliche .... erzählen.

3. *e Stadt, e Stätte, r Staat:*
a) Die .... will eine Fußgängerzone einrichten.
b) Vier Regierungen haben den jungen .... bereits anerkannt.
c) Die Unglücks .... wurde abgesperrt.

4. *r Spitz, e Spitze, r Spitzel:*
a) Die Bande hat den Polizei .... fast zu Tode geprügelt.
b) Das ist eine sehr alte kostbare ....
c) Der .... gilt als guter Wachhund.

5. *e Rüstung, e Rüstigkeit, s Gerüst:*
a) Das Schloß ist berühmt für seine Sammlung alter ....
b) Als die Handwerker fertig waren, brachen sie das .... ab.
c) Jeder beneidete die alte Dame um ihre ....

6. *e Suche, e Sucht, s Gesuch:*
a) Das .... ist abgelehnt worden.
b) Man mußte die .... nach dem abgestürzten Flugzeug aufgeben.
c) Die .... nach Ruhm kann bedenkenlos machen.

7. *e Scheu, r Abscheu, s Scheusal:*

a) Das Kind verlor nur langsam seine _____ vor dem Fremden.

b) Warum mußt du uns immer die gute Laune verderben, du _____ !

c) Die Presse in West und Ost drückte ihren _____ über den gemeinen Mord aus.

8. *r Geruch, s Gerücht, e Verruchtheit:*

a) Auf dieses _____ dürfen Sie nichts geben.

b) Es ist kaum vorstellbar, mit welcher _____ das Verbrechen geplant war.

c) Er tat alles, um nicht in den _____ eines Opportunisten zu kommen.

9. *s Deck, s Dach, e Decke:*

a) Das Wetter war so schlecht, daß die Fahrgäste nicht auf _____ sitzen konnten.

b) Es ist kalt, ich brauche eine dickere _____

c) In dieser Gegend sieht man oft diese spitzen _____

Lösungen

I: 1b Aussichten, 1c Aussehen. 2a -graben, 2b -grube, 2c Grab. 3a Fliege, 3b Flug, 3c Flügel. 4a Gepflogenheiten, 4b Pflege, 4c Pflicht. 5a -fähre, 5b Fahrt, 5c Fährte. 6a Fassung, 6b Faß, 6c Gefäß. 7a Bedarf, 7b Dürftigkeit, 7c Bedürfnisse. 8a Gedächtnis, 8b Gedanke, 8c Dünkel. 9a Gläubiger, 9b Gläubigen, 9c Glauben. 10a Erziehung, 10b Ziehung, 10c Beziehungen. 11a Ladung, 11b Belastung, 11c Last

II: 1b Bewußtsein, 1c Wissen, 2a Neuheit, 2b Erneuerung, 2c Neuigkeiten, 3a Stadt, 3b Staat, 3c -stätte, 4a -spitzel, 4b Spitze, 4c Spitz, 5a Rüstungen, 5b Gerüst, 5c Rüstigkeit, 6a Gesuch, 6b Suche, 6c Sucht, 7a Scheu, 7b Scheusal, 7c Abscheu, 8a Gerücht, 8b Verruchtheit, 8c Geruch, 9a Deck, 9b Decke, 9c Dächer

Vorsilben

I. Die Vorsilbe Un-

Sie wirkt a) *verneinend:*   *Unmöglichkeit*
            b) *pejorativ:*   *Untat = schlechte Tat*
            c) *verstärkend:*   *Unmenge = große Menge*
            d) *abschwächend: Unklugheit*

1. *Unmaß* ist immer von Übel.
2. Verschonen Sie mich mit diesem _____!
3. Spinnen und Flöhe sind _____
4. In dem Diktat war eine _____ Fehler.
5. Das neue Rathaus hat eine _____ gekostet.
6. Fenster einwerfen ist grober _____
7. Es gibt kaum eine Strafe, die für diese _____ streng genug wäre.
8. Das _____ hat große Verwüstungen angerichtet.
9. Am Markt ist ein schwerer _____ geschehen.
10. Es ist eine _____, den Raum so unordentlich zu hinterlassen.
11. Der _____ hat seine Kinder schwer mißhandelt.
12. Das _____ muß mit der Wurzel ausgerissen werden.
13. Ich hatte nicht mit so großen _____ gerechnet.

a) e Unart   d) s Ungeziefer   g) r Unmensch   j) e Untat
b) r Unfall   e) Unkosten (Pl.)   h) r Unsinn   k) s Unwetter
c) r Unfug   f) s Unkraut   i) e Unsumme   l) e Unzahl

● II. Was ist richtig?

1. Bitte vorsichtig, nicht mit solchem _____
                                     a) Ungeist
                                     b) *Ungestüm*

2. Die Reisenden mußten sich mit den _____
   der Witterung abfinden.
                                     a) Unbilden (Pl.)
                                     b) Unbehagen

3. Sind wir zur _____ gekommen?
    a) Unzeit
    b) Unrat

4. Es ist ein _____, in dieser Landschaft Hochhäuser zu bauen.
    a) Unbehagen
    b) Unding

5. _____ ist das Gegenteil von Muße.
    a) Unrast
    b) Unwesen

6. Es wird viel geklagt über den _____ der Zeit.
    a) Ungunst
    b) Ungeist

7. Dieses kleine _____ werden wir wohl aushalten.
    a) Ungemach
    b) Ungestüm

8. Schafft diesen widerlichen _____ fort!
    a) Unstern
    b) Unrat

9. Das Unternehmen scheint unter einem _____ zu stehen.
    a) Unstern
    b) Unbilden

10. Diese Verbrecherbande treibt schon lange ihr _____
    a) Unrast
    b) Unwesen

III. Die Vorsilben Wieder- und Wider-

a) *wieder* = *noch einmal:* *Wiederwahl, Wiedersehen*
b) *wider* = *gegen:*   *Widerrede, Widerwärtigkeit*

1. Bei der *Wiedereröffnung* des renovierten Jugendheims fand eine Debatte über die Todesstrafe statt.

2. Leidenschaftlich wurde das Für und _____ erörtert.

3. Der erste Sprecher plädierte wegen der steigenden Zahl der Gewalttaten für eine _____einführung der Todesstrafe.

4. Nur durch Abschreckung könne man einer _____holung der Morde ernsthaft begegnen.

5. Es sei außerdem ein _____sinn, einem Mörder das Leben zu schenken.

6. Der zweite Sprecher zeigte sich in allen Punkten als der _____sacher des ersten.

5–5582

7. Er begann mit einer ....legung der Abschreckungstheorie mit Hilfe statistischer Angaben.

8. Dann begründete er seinen ....stand gegen die Todesstrafe mit der Möglichkeit von Justizirrtümern.

9. Die ....aufnahme des Falles Schulte habe diese grausige Tatsache deutlich gemacht.

10. Bei einer Todesstrafe wäre ein ....ruf des Urteilsspruchs unmöglich geworden.

11. So sei doch noch an eine, wenn auch schwache ....gutmachung zu denken.

12. Auch solle man bedenken, daß bei den Befürwortern der Todesstrafe einerseits das ....streben, einem Mörder das Leben zu lassen,

13. andererseits der ....wille gegen den Beruf des Henkers

14. einen inneren ....spruch in der Haltung zeige.

15. Nach der modernen Strafauffassung müsse man selbst einem Mörder die ....eingliederung in die Gesellschaft ermöglichen.

16. Die Reden der beiden Sprecher fanden bei den Zuhörern sehr unterschiedlichen ....hall.

Lösungen

I   2h, 3d, 4l, 5e, 7j, 8k, 9b, 10a, 11g, 12f, 12e
II: 2a, 3a, 4b, 5a, 6b, 7a, 8b, 9a, 10b
III: 2b, 3a, 4a, 5b, 6b, 7b, 8b, 9a, 10b, 11a, 12b, 13b, 14b, 15a, 16b

Einsilbige Nomen

Die Liste zeigt Verben und einsilbige Nomen der gleichen Wortfamilie. Die meisten Nomen sind maskulin; die Nomen mit der Endung t sind in der Regel feminin.

1. *starke und unregelmäßige Verben*

beißen	r Biß	gießen	r Guß	schwimmen	r Schwamm
biegen	e Bucht	graben	e Gruft	schwinden	r Schwund
binden	s Band	haben	e Haft	schwingen	r Schwung
	r Band	hängen	r Hang	sehen	e Sicht
	s Bund	hauen	r Hieb	sollen	e Schuld
	r Bund	können	e Kunst	sprechen	r Spruch
brennen	r Brand	klingen	r Klang	springen	r Sprung
brechen	r Bruch	laden	e Last	stechen	r Stich
dringen	r Drang	mahlen	s Mehl	steigen	r Steg
essen	s Obst	messen	s Maß	stehen	r Stand
fahren	e Fahrt	mögen	e Macht		e Stadt
	e Furt	pfeifen	r Pfiff	streichen	r Strich
finden	r Fund	reiten	r Ritt	tragen	e Tracht
fließen	r Fluß	reißen	r Riß	treiben	r Trieb
	s Floß	schießen	r Schuß	treten	r Tritt
fliegen	r Flug	schlagen	e Schlacht	tun	e Tat
fliehen	e Flucht	schleifen	r Schliff	wachsen	r Wuchs
frieren	r Frost	schließen	s Schloß	werfen	r Wurf
fressen	r Fraß		r Schluß	ziehen	r Zug
geben	s Gift	schneiden	r Schnitt		e Zucht
gehen	r Gang	schreiben	e Schrift		s Zeug
gelten	s Geld	schwören	r Schwur	zwingen	r Zwang

2. *schwache Verben*

drängen	r Drang	gönnen	e Gunst	richten	s Recht
decken	s Dach	gründen	r Grund	schützen	r Schutz
dörren	r Durst	jagen	e Jagd	setzen	r Satz
drehen	r Draht	leben	r Leib	suchen	e Sucht
dienen	r Dienst	leuchten	s Licht	wehen	r Wind
fassen	s Faß	nähen	e Naht	wirken	s Werk
glühen	e Glut	passieren	r Paß	zürnen	r Zorn

I. Setzen Sie das Nomen ein:

1. Der *Brand* konnte schnell gelöscht werden. (brennen)

2. Jetzt ist das .... aber voll. (messen)

3. Ich verstehe den .... Ihrer Weigerung nicht. (gründen)

4. Das .... muß repariert werden. (decken)

5. Haben Sie genug .... bei sich? (gelten)

6. Schließ bitte das Fenster, ich kann keinen .... vertragen. (ziehen)

7. Der starke .... dauerte bis in den März hinein. (frieren)

8. Die Gefangenen gaben jeden Gedanken an .... auf. (fliehen)

9. Der .... dauerte nur drei Stunden. (fliegen)

10. Von hier aus ist die .... besser. (sehen)

11. Ein .... , und er war über die Hecke. (springen)

12. Mit .... werden Sie nichts erreichen. (zwingen)

13. Wir wollen es nicht zu einem .... kommen lassen. (brechen)

14. Haben Sie auch den .... gehört? (schießen).

15. Das .... ist noch bewohnt. (schließen)

16. Jetzt aber .... ! (schließen)

17. Bitte ein .... Radieschen. (binden)

18. Wo ist der zweite .... des Wörterbuchs? (binden)

19. Ich finde das Arm............................ sehr hübsch. (binden)

20. Der Völker............................ hatte seinen Sitz in Genf. (binden)

● **II. Setzen Sie das Nomen ein:**

1. Sonntags kommen die Bauern noch in .... zur Kirche. (tragen)

2. Ihm wurde die .... der Verantwortung zu schwer. (laden)

3. Bei der _____ nach Erfolg bleibt mancher auf der Strecke. (jagen)

4. Der _____ der Kaufkraft macht der Regierung Sorge. (schwinden)

5. Es ist _____ für deine Augen, bei diesem Licht zu lesen. (geben)

6. Es führte nur ein schmaler _____ zum Gipfel. (steigen)

7. Mag sein, daß die Opposition bei den nächsten Wahlen wieder an die _____ kommt. (mögen)

8. Das alte _____ kannst du doch nicht mehr anziehen. (ziehen)

9. _____ drüber, wir wollen nicht mehr davon sprechen. (schwimmen)

10. Der _____ hat die Wäsche von der Leine gerissen. (wehen)

11. Hier sieht es ja aus wie auf einem _____feld. (schlagen)

12. Sie ist mit _____ und Seele bei ihrer Arbeit. (leben)

13. Die _____leistungen werden immer teurer. (dienen)

14. Man hat den Angeklagten aus der _____ entlassen. (haben)

15. Wir möchten die alte Kaiser_____ besichtigen. (graben)

16. Es ist eine _____, es jedem recht zu machen. (können)

Besondere Pluralformen

das Alter	die Altersstufen [Altersgruppen]	die Pein	die Qualen
das Bestreben	die Bestrebungen	der Rat	die Ratschläge
der Bau	die Bauten	der Raub	die Räubereien
der Betrug	die Betrügereien	der Regen	die Regenfälle
der Dank	die Danksagungen	der Schmuck	die Schmucksachen/
das Erbe	die Erbschaften		Schmuckstücke
der Friede	die Friedensschlüsse	der Streit	die Streitigkeiten
die Furcht	die Befürchtungen	der Trost	die Tröstungen
das Glück	die Glücksfälle	die Unbill	die Unbilden
die Gunst	die Gunstbezeigungen		(des Wetters)
der Kaufmann	die Kaufleute	das Unglück	die Unglücksfälle
der Kohl	die Kohlköpfe	das Vergnügen	die Vergnügungen
der Kummer	die Kümmernisse	der Verrat	die Verrätereien
die Liebe	die Liebschaften	das Versprechen	die Versprechungen
das Lob	die Lobsprüche	der Wahn	die Wahnvorstellungen
die Mark	die Markstücke	der Zank	die Zänkereien

Wie heißt der Plural?

1. Er hat in seiner Jugend viele *Liebschaften* (Liebe) gehabt.

2. Hast du die _____ (Dank) für all die Glückwünsche abgeschickt?

3. Bei Sportkämpfen müssen die verschiedenen _____ (Alter) berücksichtigt werden.

4. Die _____ (Streit) und _____ (Zank) eurer Kinder gefallen mir gar nicht.

5. Er wurde wegen mehrerer _____ (Raub) und _____ (Betrug) angeklagt.

6. Durch verschiedene _____ (Glück) konnte er sein Vermögen vergrößern.

7. Sie wurde rot bei so vielen _____ (Lob).

8. Haben Sie meine _____ (Rat) nicht befolgt?

9. Die _____ (Friede) von Brest-Litowsk und Versailles waren für die Besiegten sehr hart.

10. Wie viele _____ (Versprechen) wird er noch machen?

11. In den Tropen gibt es oft heftige _____ (Regen).

12. Manche _____ (Schmuck) lassen sich gut verkaufen, manche nicht.

13. Sie klagt jeden Tag über neue _____ (Kummer).

14. Hast du alle _____ (Vergnügen) schon ausprobiert?

15. Für den Automaten brauchen Sie zwei einzelne _____ (Mark).

Homonyme

Manche Wörter klingen gleich, haben aber verschiedene Bedeutung und oft auch einen verschiedenen Artikel.

der Band (Buch)	das Band (Armband, Freundschaftsband)
der Bauer (Landwirt)	das Bauer (Vogelkäfig)
der Bund (Studentenbund)	das Bund (Bündel)
der Erbe (Person)	das Erbe (Besitz)
der Flur (Korridor)	die Flur (Landschaft)
der Gehalt (Inhalt, Wert)	das Gehalt (Lohn)
der Harz (Gebirge)	das Harz (Baumsaft)
der Heide (Nichtchrist)	die Heide (Landschaft)
der Hut (Kopfbedeckung)	die Hut (Schutz)
der Kiefer (Gesichtsteil)	die Kiefer (Nadelbaum)
der Kunde (Käufer)	die Kunde (Nachricht)
der Leiter (Chef)	die Leiter (tragbare Treppe)
der Mangel (r Fehler, s Fehlen)	die Mangel (Bügelanstalt)
die Mark (Geldstück)	das Mark (in den Knochen)
die Maß (1 Liter Bier)	das Maß (Länge, Höhe, Breite)
der Messer (Fiebermesser)	das Messer (Brotmesser)
der Reis (Nahrungsmittel)	das Reis (kleiner Zweig)
der See (Binnensee)	die See (Ozean)
die Steuer (Geld für den Staat)	das Steuer (Lenkrad)
der Stift (Bleistift)	das Stift (Damenstift)
der Tau (Feuchtigkeit)	das Tau (dicker Strick)
der Tor (Dummkopf)	das Tor (große Tür)
der Verdienst (Geld)	das Verdienst (Leistung)
der Weise (kluger alter Mann)	die Weise (Melodie)

das Schloß (Gebäude – Türschutz)	die Bank (Geldinstitut – Sitzmöbel)
der Strauß (Vogel – Blumenbund)	der Laden (Verkaufsraum – Fensterschutz)
die Weide (Baum – Viehwiese)	der Schimmel (weißes Pferd – Pilzart)

Setzen Sie die Artikel ein:

1. *Der* Erbe schlug *das* Erbe aus.
2. _____ Tor wollte _____ Tor nicht öffnen.
3. _____ Weide steht auf _____ Weide.
4. _____ Leiter stieg auf _____ Leiter.
5. _____ Tau ist zerrissen.
6. _____ Tau liegt morgens auf dem Gras.
7. Die Kinder sind in _____ Hut der Großmutter.
8. Setzen Sie _____ Hut auf!
9. _____ Weise eines alten Volkslieds; _____ Weise aus dem Morgenland.
10. Wie hoch ist _____ Gehalt eines Postbeamten?
11. _____ Alkoholgehalt dieses Getränks ist gering.
12. Geben Sie doch Ihre Wäsche in _____ Mangel.
13. Sie werden hinterher kein_____ Mangel finden.
14. Hast du _____ Mark für den Automaten?
15. _____ Mark in der Suppe schmeckt besonders gut.
16. Wo steht _____ dritte Band des Lexikons?
17. _____ Bund Petersilie kostet 20 Pfennig.
18. _____ Unterkiefer ist gebrochen.
19. _____ Kiefer wächst auch auf sandigem Boden.
20. Wie hoch ist _____ Steuer für dieses Auto?
21. Bei manchen Käsesorten ist _____ Schimmel ein Bestandteil.

Lösungen

Einsilbige Nomen: siehe Liste

Besondere Pluralformen: siehe Liste

Homonyme:
2 der, das, 3 die, der, 4 der, die, 5 das, 6 der, 7 der, 8 den, 9 die, der, 10 das, 11 der, 12 die, 13 keinen, 14 die, 15 das, 16 der, 17 das, 18 der, 19 die, 20 die, 21 der

Zusammensetzungen

I. Bilden Sie aus den Wortpaaren je zwei zusammengesetzte Nomen und erklären Sie beide Nomen möglichst kurz:

1. s Fleisch, e Suppe a) e Fleischsuppe b) s Suppenfleisch

   a) eine Suppe, die mit Fleisch zubereitet wird

   b) Fleisch, aus dem Suppe gekocht werden kann.

2. s Haus, r Arzt a) .... b) ....

3. s Spiel, e Karte a) .... b) ....

4. e Arbeit, r Tag a) .... b) ....

5. s Haus, r Wirt a) .... b) ....

6. s Werk, r Tag a) .... b) ....

7. s Fenster, r Laden a) .... b) ....

8. r Ring, r Finger a) .... b) ....

9. r Stein, r Bau a) .... b) ....

10. e Reise, e Gesellschaft a) .... b) ....

11. s Gebiet, e Grenze a) .... b) ....

12. s Geld, e Tasche a) .... b) ....

13. r Student, e Verbindung a) .... b) ....

14. r Kern, s Obst a) .... b) ....

15. s Leder, e Sohle a) .... b) ....

16. e Blume, r Topf a) .... b) ....

II. Welche Zusammensetzung mit -mut entspricht dem in Klammer stehenden Wort?

1. Es ist erstaunlich, mit welchem *Gleichmut* er die Vorwürfe hinnahm. (Gelassenheit)

2. Ganz ohne .... kann man keinen Erfolg haben. (e Risiko-
bereitschaft)

3. Die .... der jungen Tänzerin entzückte die Zuschauer.
(e Grazie)

4. Sie dachte mit leichter .... an die Hoffnungen ihrer
Jugend. (e Trauer)

5. Es muß etwas getan werden, um ihn aus seiner ....
herauszureißen. (e Melancholie)

6. Laß die Kinder doch! Ein bißchen .... kann nichts
schaden. (e Ausgelassenheit)

7. Ich finde, sein .... wird langsam unerträglich. (e Überheblichkeit)

8. Die .... ihrer Antwort reizte ihn noch mehr. (e Milde)

9. Es war zu bewundern, mit welchem .... der Gefangene
seine Überzeugung vertrat. (e Offenheit)

10. Was bleibt, als mit .... das Unabänderliche auf sich zu
nehmen? (e Ergebung)

11. Stellen Sie meine .... nicht auf eine allzu harte Probe!
(e Geduld)

12. Bei seinem .... konntest du doch gar nichts anderes
erwarten. (e Unzuverlässigkeit)

13. Er begab sich mit .... an die ihm aufgezwungene Arbeit.
(e Verdrossenheit)

14. Wir dürfen seine .... nicht ausnutzen. (e Großzügigkeit)

15. Sie müssen diesen .... überwinden. (e Niedergeschla-
genheit)

a) r Freimut   e) r Übermut   i) e Demut   m) e Schwermut
b) r Hochmut   f) r Wagemut   j) e Großmut   n) e Wehmut
c) r Kleinmut   g) r Wankelmut   k) e Langmut
d) r Mißmut   h) e Anmut   l) e Sanftmut

III. Welches Wort gehört nicht in die Reihe?

1. r Ringfinger, *r Langfinger (= Dieb)*, r Mittelfinger, r Zeigefinger
2. e Blasmusik, e Kammermusik, e Zukunftsmusik, e Hausmusik
3. e Gartenbank, r Stubenhocker, r Rollstuhl, r Kinderschemel
4. s Kiefernholz, s Eichenholz, s Zedernholz, s Kerbholz
5. s Sündenregister, s Taufregister, s Totenregister, s Strafregister
6. r Faulpelz, r Gehpelz, r Sommerpelz, r Hermelinpelz
7. r Husten, r Ischias, r Heuschnupfen, s Lampenfieber
8. e Leberwurst, e Extrawurst, e Weißwurst, e Blutwurst
9. e Ordensschwester, e Stationsschwester, e Betschwester, e Säuglings-schwester
10. s Hungertuch, s Spitzentuch, s Wischtuch, s Handtuch
11. r Schimmelpilz, r Glückspilz, r Giftpilz, r Fliegenpilz
12. r Nadelwald, r Mischwald, r Blätterwald, r Laubwald
13. r TEE-Zug, r Luftzug, r D-Zug, r Eilzug
14. r Reisepaß, r Impfpaß, r Unfallpaß, r Laufpaß
15. s Gartenhaus, s Hinterhaus, s Kartenhaus, s Krankenhaus

Lösungen

I: 2 r Hausarzt, s Arzthaus, 3 e Spielkarte, s Kartenspiel, 4 r Arbeitstag, e Tages-arbeit, 5 r Hauswirt, s Wirtshaus, 6 r Werktag, s Tagewerk, 7 r Fensterladen, s Ladenfenster, 8 r Ringfinger, r Fingerring, 9 r Steinbau, r Baustein, 10 e Reise-gesellschaft, e Gesellschaftsreise, 11 e Gebietsgrenze, s Grenzgebiet, 12 e Geld-tasche, s Taschengeld, 13 e Studentenverbindung, r Verbindungsstudent, 14 s Kern-obst, r Obstkern, 15 e Ledersohle, s Sohlenleder, 16 r Blumentopf, e Topfblume

II: 2f, 3h, 4n, 5m, 6e, 7b, 8l, 9a, 10i, 11k, 12g, 13d, 14j, 15c

III: 2 Zukunftsmusik, 3 Stubenhocker, 4 Kerbholz, 5 Sündenregister, 6 Faulpelz, 7 Lampenfieber, 8 Extrawurst, 9 Betschwester, 10 Hungertuch, 11 Glückspilz, 12 Blätterwald, 13 Luftzug, 14 Laufpaß, 15 Kartenhaus

Das Verb

Gegensätze

I. Kurt geht gern in die Schule.

1. In seiner Klasse wird kein Kind bevorzugt und keins *zurückgesetzt*.

2. Der Lehrer lobt viel und .... wenig.

3. Er belohnt die Kinder oft und .... sie selten.

4. Er weiß, daß Strenge mehr schadet als ....

5. Vieles ist erlaubt und wenig ....

6. Deshalb lieben die Kinder ihren Lehrer auch und .... ihn nicht.

7. Sie sagen ihm die Wahrheit und .... nicht.

8. Sie wissen, daß man in der Schule arbeiten muß und nicht .... darf.

9. Sie lesen ihre Texte Wort für Wort und .... sie nicht nur.

10. Sie vergessen ihre Aufgaben nicht, sondern .... sie gut.

11. Deshalb bleibt auch keiner sitzen, sondern alle werden ....

a) behalten	d) lügen	g) tadeln	j) überfliegen
b) bestrafen	e) nützen	h) verbieten	
c) hassen	f) spielen	i) versetzen	

II. Frau Schmidt erkundigt sich nach ihrer neuen Firma.

1. Sorgt der Chef für das Wohl seiner Mitarbeiter oder *vernachlässigt* er es?

2. Fördert er ihre Initiative oder .... er sie?

3. Unterstützt der Betriebsrat den Chef oder .... er ihn?

4. Vertrauen die Angestellten einander oder _____ sie sich?

5. Strengen sie sich an, oder _____ sie?

6. Sinkt der Umsatz, oder _____ er?

7. Mußten die Preise erhöht werden, oder konnte man sie _____ ?

8. Konnte man neue Filialen eröffnen oder mußte man welche _____ ?

9. Hat man den alten Direktor abgesetzt und einen neuen _____ ?

10. Sind alle geschäftlichen Unternehmungen gelungen oder ist eine _____ _____ ?

a) beargwöhnen   d) einsetzen   f) schließen   h) steigen
b) bekämpfen   e) scheitern   g) senken   i) unterdrücken
c) bummeln

III. Das Wetter.

1. Die Temperatur steigt.   Die Temperatur *sinkt*.

2. Ein Wind erhebt sich.   Der Wind _____

3. Die Luft erwärmt sich.   Die Luft _____

4. Die Sonne erscheint am Horizont.   Die Sonne _____ am Horizont.

5. Das Wetter bessert sich.   Das Wetter _____

6. Ein Gewitter zieht auf.   Das Gewitter _____

7. Der Sturm verstärkt sich.   Der Sturm _____

8. Der Frost mildert sich.   Der Frost _____

9. Die Bäche frieren zu.   Die Bäche _____

10. Die Sterne erglänzen.   Die Sterne _____

11. Der Himmel bewölkt sich.   Der Himmel _____

12. Der Nebel verdichtet sich.   Der Nebel _____

a) sich abkühlen   e) erlöschen   i) sich verschlechtern
b) sich aufklären   f) sich legen   j) verschwinden
c) sich auflösen   g) nachlassen   k) sich verziehen
d) auftauen   h) sich verschärfen

IV. Wie heißt das Gegenteil?

1. sein Wort *halten*   sein Wort *brechen*

2. Beziehungen aufnehmen   Beziehungen ....

3. Bande knüpfen   Bande ....

4. eine Genehmigung erteilen   eine Genehmigung ....

5. eine Bitte erfüllen   eine Bitte ....

6. einen Beruf ergreifen   einen Beruf ....

7. eine Anklage erheben   eine Anklage ....

8. eine Anzeige erstatten   eine Anzeige ....

9. eine Einladung annehmen   eine Einladung ....

10. eine Verabredung einhalten   eine Verabredung ....

a) abbrechen	c) abschlagen	e) lösen	g) versäumen
b) ablehnen	d) aufgeben	f) niederschlagen	h) verweigern
			i) zurückziehen

V. Ergänzen Sie:

1. einen Standpunkt aufgeben   einen Standpunkt ....

2. Maßnahmen unterlassen   Maßnahmen ....

3. ein Gerücht verbreiten   ein Gerücht ....

4. Schaden vermeiden   Schaden ....

5. eine Berufung annehmen   eine Berufung ....

6. eine Postsendung annehmen   eine Postsendung ....

7. eine Untersuchung eröffnen   eine Untersuchung ....

8. Probleme ausklammern   Probleme ....

9. Schwierigkeiten ausweichen   Schwierigkeiten ....

10. einen Verdacht erheben   einen Verdacht ....

a) abschließen	d) behaupten	g) treffen	j) zerstreuen
b) anrichten	e) ersticken	h) überwinden	
c) ausschlagen	f) lösen	i) verweigern	

● VI. Ergänzen Sie:

1. ein Wagnis eingehen   einem Wagnis ....
2. einem Irrtum unterliegen   einen Irrtum ....
3. Widersprüche auflösen   sich in Widersprüche ....
4. eine Krankheit überstehen einer Krankheit ....
5. den Mut verlieren   Mut ....
6. auf seinem Recht bestehen auf sein Recht ....
7. die Verantwortung tragen   sich der Verantwortung ....
8. eine Niederlage erleiden   einer Niederlage ....
9. sein Gesicht verlieren   sein Gesicht ....
10. die Überzeugung verlieren die Überzeugung ....

a) aufdecken   d) entziehen   g) gewinnen   j) wahren
b) ausweichen   e) erliegen   h) verwickeln
c) entgehen   f) fassen   i) verzichten

VII. Was ist richtig?

1. Hier wird ein neues Rathaus gebaut, das alte wird ....   a) abgebaut
                                                                     b) *abgerissen*
   ....

2. Peter hat die Prüfung bestanden; er ist nicht ....   a) ausgefallen
                                                                     b) durchgefallen
   ....

3. Sie hob den Kopf, aber dann ....   a) sank
   sie ihn wieder.   b) senkte

4. Du hättest das Geld sparen und nicht ....   a) ausgeben
   sollen.   b) vergeben

5. Du verweichlichst dich zu sehr; du mußt dich mehr ....   a) stärken
                                                                     b) abhärten

6. Müssen Sie denn immer widersprechen? Können Sie nicht   a) zustimmen
                                                                     b) zusprechen
   einmal ....

7. Die Menge war so erregt, daß es schwer war, sie wieder zu ....

   a) stillen
   b) beruhigen

8. Die Rechte der Mitarbeiter dürfen nicht eingeschränkt, sie müssen .... werden.

   a) erweitert
   b) verbreitert

9. Unser Verein hat nicht gesiegt; er ist ....

   a) unterlegen
   b) unterworfen

Lösungen

I: 2g, 3b, 4e, 5h, 6c, 7d, 8f, 9j, 10a, 11i
II: 2i, 3b, 4a, 5c, 6h, 7g, 8f, 9d, 10e
III: 2f, 3a, 4j, 5i, 6k, 7g, 8h, 9d, 10e, 11b, 12c
IV: 2a, 3e, 4h, 5c, 6d, 7f, 8i, 9b, 10g
V: 1d, 2g, 3e, 4b, 5c, 6i, 7a, 8f, 9h, 10j
VI: 1b, 2a, 3h, 4e, 5f, 6i, 7d, 8c, 9j, 10g
VII: 2b, 3b, 4a, 5b, 6a, 7b, 8a, 9a

6 – 5582

Synonyme

● **I. Drücken Sie den Inhalt der direkten Rede durch ein Verb oder eine nominale Fügung aus:**

A. *Er sagte:*

1. „Ja."   Er *bejahte es.*

2. „Ich bin einverstanden."   Er *erklärte sein Einverständnis.*

3. „Ich habe es getan."   Er _____ die Tat.

4. „Ich habe es nicht getan."   Er _____ die Tat.

5. „Ich sage nichts aus."   Er _____ die Aussage.

6. „Ich bin wirklich unschuldig." Er _____ seine Unschuld.

7. „Ich sage es noch einmal."   Er _____ seine Aussage.

8. „Ich habe den Mord gesehen." Er _____ den Mord.

9. „Halt! Herr Staatsanwalt."   Er _____ den Staatsanwalt.

10. „Ich bin derselben Meinung." Er _____

11. „Ich bin anderer Meinung."   Er _____

12. „Ich habe einen Fehler gemacht." Er _____ seinen Fehler _____

13. „Ich weiß es ganz bestimmt nicht." Er _____ sein Unwissen.

14. „Ich bin erstaunt."   Er _____ sein Erstaunen.

15. „Nein" auf die Frage.   Er _____ die Frage.

16. „Sie haben recht."   Er _____ mir _____

a) äußern   e) gestehen   i) verneinen   m) zugeben
b) beteuern   f) leugnen   j) verweigern n) zustimmen
c) betonen   g) rechtgeben k) widersprechen
d) bezeugen h) unterbrechen l) wiederholen

B. *Er sagte:*

1. „Kommen Sie mit!"   Er *forderte* uns *auf* mitzukommen.

2. „Kommen Sie bitte mit!"   Er .... uns mitzukommen.

3. „Sie haben mitzukommen!"   Er .... uns mitzukommen.

4. „Geben Sie Ihren Ausweis!"   Er .... unseren Ausweis.

5. „Die Meldung ist falsch."   Er .... die Meldung.

6. „Die Meldung ist richtig."   Er .... die Meldung.

7. „Ich gehe nicht mit."   Er .... mitzugehen.

8. „Dieser Stoff ist gut."   Er .... mir diesen Stoff.

9. „Nehmen Sie diese Uhr nicht!" Er .... mir von der Uhr ....

10. „Sei aufmerksam!"   Er .... mich zur Aufmerksamkeit.

11. „Ich möchte euch helfen."   Er .... uns seine Hilfe ....

12. „Ich will eure Hilfe nicht." Er .... unsere Hilfe ....

13. „Die Sache ist so und so." Er .... die Sache.

14. „Ich spreche weiter."   Er ....

a) ablehnen   e) befehlen   i) empfehlen   m) verlangen
b) abraten   f) bestätigen   j) erläutern   n) sich weigern
c) anbieten   g) bitten   k) ermahnen
d) auffordern   h) dementieren   l) fortfahren

II. Was ist richtig?

1. Ich möchte noch kurz ...., daß   a) erörtern
   wir uns heute abend um 20 Uhr wieder hier treffen.   b) *bemerken*
                                                          c) berichten

2. Er hat mir seine Absichten ganz genau ....   a) auseinander-
                                                                          gesetzt
   ....   b) geäußert
                                                                       c) erwähnen

3. Könnten Sie uns das etwas genauer ....?   a) bemerken
                                                                   b) einwerfen
                                                                   c) erklären

83

4. Wir müssen dieses Problem gründlich _____   a) berichten
   b) besprechen
   c) äußern

5. Er hat gar nicht _____, daß er zu-
   zurücktreten will.   a) erwähnt
   b) erörtert
   c) genannt

6. Ich bewundere es, wie Sie Ihre Gedanken _____
   _____ können.   a) sprechen
   b) formulieren
   c) erwähnen

7. Der Diplomat _____ dem Minister
   von dem Verlauf seiner Gespräche.   a) berichtete
   b) erwähnte
   c) erklärte

8. Ich möchte mein Bedauern über diesen Vorfall
   _____   a) bemerken
   b) formulieren
   c) aussprechen

9. Der Priester _____ feierlich ein
   Dankgebet.   a) sprach
   b) redete
   c) nannte

10. Wir müssen unbedingt noch den folgenden Punkt
    _____   a) äußern
    b) erörtern
    c) aussprechen

11. Ein Teilnehmer _____, daß
    man jetzt endlich zur Sache kommen müsse.   a) warf ein
    b) setzte
         auseinander
    c) teilte mit

12. Ich freue mich, Ihnen _____ zu
    können, daß unser Antrag genehmigt worden ist.   a) erwähnen
    b) mitteilen
    c) vortragen

13. Herr Schmidt ist auch als Kandidat _____
    worden.   a) berichtet
    b) geäußert
    c) genannt

14. Der Wirtschaftsminister hat dem Kabinett seine Beden-
    ken gegen die Steuererhöhungen _____   a) vorgetragen
    b) ausgesprochen
    c) berichtet

15. Wir meinen, es sei jetzt genug _____
    worden; wir müssen jetzt etwas tun.   a) geäußert
    b) geredet
    c) mitgeteilt

Sprechen

leise:	flüstern, murmeln, tuscheln, wispern
laut:	brüllen, donnern, johlen, kreischen, rufen, schreien
gemütlich:	erzählen, klönen, plaudern, schwatzen, sich unterhalten
böse:	anfahren, brummen, keifen, knurren, poltern, zetern, schimpfen
über andere:	klatschen, lästern
dummes Zeug:	faseln, plappern, quatschen, schwätzen
kritisch:	ermahnen, kritisieren, meckern, nörgeln, tadeln
unwahr:	aufschneiden, flunkern, lügen, phantasieren, schwindeln
feierlich:	predigen, deklamieren
behindert:	lispeln, stammeln, stottern, lallen, radebrechen

III. Ergänzen Sie:

1. Heute morgen wurde ich zeitig geweckt, weil einige junge Burschen auf der Straße *johlten*.

2. Meine Nachbarin riß das Fenster auf und .... : „Wollt ihr wohl ruhig sein, ihr Lausejungen!"

3. Die Burschen kümmerten sich nicht darum, bis ein Schutzmann sie energisch ....

4. Später konnte ich hören, daß meine Nachbarin auf dem Flur mit einer Freundin ....

5. Sicher .... die beiden wieder über die Hausgenossen.

6. Ich ging in das Frühstückszimmer, um ein wenig mit einem Kommilitonen zu ....

7. Auch meine Nachbarin kam, und wie immer hatte sie etwas zu ....
   ....

8. Die andern hörten nicht zu und .... sich ruhig weiter.

9. Da hielt sie den Mund und .... nur noch vor sich hin.

10. Zwei kleine Buben .... so laut,

11. daß die Mutter sie .... mußte.

85

12. Danach .... sie nur noch miteinander.

13. Der Hausherr .... begeistert von der Jagd.

14. Wir wußten alle, daß er mächtig ...., aber wir hörten seinem Jägerlatein immer gerne zu.

15. Da sah ich plötzlich auf die Uhr, ... erschrocken: „Es ist allerhöchste Zeit" und eilte fort.

a) anfahren	e) erzählen	i) plaudern	m) tuscheln
b) aufschneiden	f) flüstern	j) nörgeln	n) unterhalten
c) brummen	g) klatschen	k) rufen	
d) ermahnen	h) plappern	l) schimpfen	

IV. Was ist richtig?

1. Er .... seinem Freund etwas ins Ohr.
   a) murmelte
   b) *flüsterte*

2. Glaub ihm nicht! Er .... gern.
   a) faselt
   b) schwindelt

3. Der Betrunkene konnte nur noch ....
   a) lispeln
   b) lallen

4. Die Kleine .... vor sich hin.
   a) plapperte
   b) plauderte

5. Seeleute neigen dazu ....
   a) aufzuschneiden
   b) zu nörgeln

6. Man sieht dir doch an, daß du ....
   a) flunkerst
   b) tuschelst

7. .... nicht so! Ich kann dich nicht verstehen.
   a) Knurre
   b) Murmele

8. Der Fremde konnte die Landessprache nur ....
   a) stottern
   b) radebrechen

9. Er .... jähzornig.
   a) brüllte
   b) keifte

10. Der Junge muß zum Therapeuten; er ....
    a) faselt
    b) stottert

11. Der Kranke .... vor Schmerzen. a) schrie
                                                                                b) polterte

12. Der Prüfungskandidat konnte vor Aufregung nur a) stammeln
                                                                                  b) plappern
....

13. Aha, ihr habt wohl wieder über mich .... a) gelästert
                                                                                          b) gefaselt

14. Der Überfallene .... um Hilfe. a) kreischte
                                                                                  b) schrie

15. Er hat mir frech ins Gesicht .... a) gelogen
                                                                                 b) gefaselt

16. Bitte .... nicht so! Wir sind nicht a) zetere
in der Kirche. b) predige

V. sagen oder sprechen?

1. Was hat er zu dir *gesagt?*

2. Das Kind kann noch wenig *sprechen.*

3. Ich muß einmal ernsthaft mit dir ....

4. Wer nichts zu .... hat, soll besser den Mund halten.

5. Ich dachte, der Papagei könne ....

6. Was .... Sie dazu?

7. Ich habe hier nichts zu ....

8. Wir .... schon lange nicht mehr miteinander.

9. Ich bin nicht mehr gut auf dich zu ....

10. Das hat nichts zu ....

11. Heute abend .... der Kanzler im Fernsehen.

12. Herr Becker ist heute nicht zu ....

13. Sie hört sich selbst gern ....

14. Aus seinen Worten .... ehrliche Anteilnahme.

15. Sie ließ sich das nicht zweimal .... und griff zu.

16. Wir haben uns nichts mehr zu ....

Gehen

schnell:	eilen, hasten, laufen, rasen, rennen, sausen, sich sputen, stürmen, stürzen
langsam:	bummeln, kriechen, schlendern, spazieren, trödeln, trotten
feierlich:	schreiten, stolzieren, wallfahren, wandeln
geräuschvoll:	poltern, trampeln, stampfen
geräuschlos:	geistern, huschen, schleichen, schweben, schlüpfen, sich stehlen
fröhlich:	hüpfen, springen, tänzeln, tanzen
mit andern:	marschieren, sich schieben, ziehen
behindert:	hinken, humpeln, schwanken, sich schleppen, taumeln, wanken, torkeln, waten, stapfen

● **VI. Was ist richtig?**

1. Die besorgte Mutter _____ zum Krankenhaus.
   a) *hastete*
   b) huschte

2. Als der Kranke aufstehen wollte, _____ er vor Schwäche.
   a) humpelte
   b) taumelte

3. Der Verletzte _____ sich zu einem Stuhl.
   a) trottete
   b) schleppte

4. Kommt schnell! Wir müssen uns _____
   a) sputen
   b) stürzen

5. Die Tänzerin _____ über die Bühne.
   a) geisterte
   b) schwebte

6. Langsam _____ die Menschenmenge sich weiter.
   a) stahl
   b) schob

7. Es ist höchste Zeit. _____ doch nicht so!
   a) Trödele
   b) Schlendere

8. Die Kinder _____ fröhlich durch den Garten.
   a) sprangen
   b) polterten

9. Jedes Jahr _____ viele Pilger nach Lourdes.
   a) wandeln
   b) wallfahren

10. Mußt du denn so _____ ?
   a) waten
   b) trampeln

11. Wir haben Zeit, noch ein bißchen durch die Stadt zu .... a) schwanken
    b) bummeln

12. Eine Prozession .... durch die Straßen. a) schritt
    b) zog

13. Wer ist denn da eben über den Gang ....? a) gehuscht
    b) gezogen

VII. gehen oder laufen?

1. Lauf doch schnell mal zum Briefkasten!

2. Die Uhr .... nicht mehr.

3. Der Wagen .... gut.

4. Es .... nichts mehr in den Koffer.

5. Die erregten Menschen .... durcheinander.

6. Die Kinder haben sich die Füße wund....................

7. Von jetzt an .... es aufwärts.

8. Welcher Film .... heute?

9. Sie .... zögernd auf den Fremden zu.

10. Er .... blitzschnell zur Tür.

11. Das Mädchen war schwermütig und ist ins Wasser ....

12. Herr Schmidt .... zum Ersten.

13. Am Ende .... doch alles auf dasselbe hinaus.

14. Der Eimer ....

15. Ich war heute in der Stadt und plötzlich .... mir Peter über den Weg.

16. Ihm .... nichts über ein gutes Glas Wein.

17. Sie .... Gefahr, einen großen Fehler zu begehen.

18. Was machen die Geschäfte? Es .... so.

19. Wir müssen erst sehen, wie der Hase ....

20. Nein, so .... es nicht. Wir müssen etwas anderes versuchen.

VIII. tun oder machen?

1. Habt ihr eure Aufgaben *gemacht*?
2. Hat Fritz dir etwas ....?
3. Wieviel .... das?
4. Ich habe mein Bestes ....
5. Das .... Spaß.
6. .... Sie keinen Fehler!
7. Leider kann ich nichts für Sie ....
8. Man soll das eine .... und das andere nicht lassen.
9. Sie haben mir einen großen Gefallen ....
10. Da haben Sie aber die Rechnung ohne den Wirt ....
11. Mit gutem Willen allein ist es nicht ....
12. Ich .... mir nichts aus moderner Musik.
13. .... noch etwas Salz an die Suppe.
14. Hast du schon Kaffee ....?
15. Aber das .... doch nicht den geringsten Unterschied.

Der Ausdruck wird verstärkt.

hart arbeiten:	schuften		schnell laufen:	rennen
schwer atmen:	keuchen		stark leuchten:	strahlen
völlig austrocknen:	ausdörren		sehr lieben:	vergöttern
fest binden:	fesseln		stark regnen:	gießen
eindringlich bitten:	flehen		laut rufen:	schreien
stark drücken:	pressen		hart stoßen:	prallen
sehr erhoffen:	ersehnen		sehr verwöhnen:	verhätscheln
sehr erschrecken:	entsetzen		schnell wachsen:	schießen
schnell essen:	schlingen		stark wehen:	sausen
schnell fahren:	rasen		energisch werfen:	schleudern
energisch fassen:	packen		heftig zerreißen:	zerfetzen
reichlich fließen:	strömen		heftig zerschlagen:	zerschmettern
laut klingen:	schallen		energisch ziehen:	zerren
sehr kränken:	verletzen		stark zittern:	beben

IX. Ergänzen Sie:

1. Nachdem sie im Training hart *geschuftet* hatten, traten die beiden Ringer endlich zum großen Kampf an.

2. Gleich anfangs .... die Gegner hart aufeinander.

3. Sie .... vor Erregung.

4. Sie .... vor Anstrengung.

5. Harry .... Bill an den Schultern.

6. Er .... ihn zu sich herüber.

7. Aber Bill befreite sich und .... den Gegner zu Boden.

8. Das Blut .... ihm aus der Nase.

9. Der Beifall .... bis auf die Straße.

10. Die Reporter .... herbei, um den Sieger zu interviewen.

a) beben	c) packen	e) stürzen	g) schleudern
b) keuchen	d) prallen	f) schallen	h) strömen
			i) zerren

Der Ausdruck wird abgeschwächt.

leicht berühren:	tippen	leicht regnen:	nieseln
schwach brennen:	glimmen	sacht reiben:	wischen
sacht fallen:	schweben	sanft schaukeln:	wiegen
wenig fließen:	tröpfeln	leise singen:	summen
leise gehen:	schleichen	harmlos spotten:	necken
leicht glänzen:	schimmern	leicht springen:	hüpfen
leise husten:	hüsteln	sanft streichen:	streicheln
flüchtig lesen:	überfliegen	kaum trinken:	nippen
harmlos lügen:	schwindeln	sacht ziehen:	zupfen

X. Ergänzen Sie:

1. Er *tippte* mit dem Finger spöttisch an die Stirn.

2. Das Feuer .... noch unter der Asche.

3. Der Ballon .... langsam zu Boden.

4. Aus dem Wasserhahn _____ es nur.

5. Er _____ auf den Zehenspitzen aus dem Zimmer.

6. Der Mond _____ durch die Wolken.

7. Es macht mir Sorge, daß du immer _____

8. Sie _____ den Brief mit einem Blick.

9. Stimmt das? Hast du auch nicht _____?

10. Es _____ nur noch. Wir können gehen.

11. Sie _____ bei der Arbeit ein Lied vor sich hin.

12. Ich wollte dich doch nur ein bißchen _____

13. Die Kleine _____ zärtlich ihren Teddybär.

14. Sie _____ nur an ihrem Glas.

15. Die Frau _____ ihren Mann am Ärmel.

a) glimmen	e) nippen	i) schleichen	m) überfliegen
b) hüsteln	f) schimmern	j) streicheln	n) zupfen
c) necken	g) schwindeln	k) summen	
d) nieseln	h) sinken	l) tröpfeln	

Lösungen

IA: 3e, 4f, 5j, 6b, 7l, 8d, 9h, 10n, 11k, 12m, 13c, 14a, 15i, 16g
 B: 2g, 3e, 4m, 5h, 6f, 7n, 8i, 9b, 10k, 11c, 12a, 13j, 141
II: 2a, 3c, 4b, 5a, 6b, 7a, 8c, 9a, 10b, 11a, 12b, 13c, 14a, 15b
III: 2l, 3a, 4m, 5g, 6i, 7j, 8n, 9c, 10h, 11d, 12f, 13e, 14b, 15k
IV: 2b, 3b, 4a, 6a, 7b, 8b, 9a, 10b, 11a, 12a, 13a, 14b, 15a, 16b
V: 3 sprechen, 4 sagen, 5 sprechen, 6 sagen, 7 sagen, 8 sprechen, 9 sprechen, 10 sagen, 11 spricht, 12 sprechen, 13 sprechen, 14 spricht, 15 sagen, 16 sagen
VI: 2b, 3b, 4a, 5b, 6b, 7a, 8a, 9b, 10b, 11b, 12b, 13a
VII: 2 geht, 3 läuft, 4 geht, 5 liefen, 6 gelaufen, 7 geht, 8 läuft, 9 ging, 10 lief, 11 gegangen, 12 geht, 13 läuft, 14 läuft, 15 lief, 16 geht, 17 laufen, 18 geht, 19 läuft, 20 geht
VIII: 2 getan, 3 macht, 4 getan, 5 macht, 6 machen, 7 tun, 8 tun, 9 getan, 10 gemacht, 11 getan, 12 mache, 12 Tu, 14 gemacht, 15 macht
IX: 2d, 3a, 4b, 5c, 6i, 7g, 8h, 9f, 10e
X: 2a, 3h, 4l, 5i, 6f, 7b, 8m, 9g, 10d, 11k, 12c, 13j, 14e, 15n

Nominale Fügungen

I. Funktionsverben

Die folgenden Verben werden 1. als Vollverb verwandt, 2. als Teil einer nominalen Fügung, in der die Bedeutung des Verbs noch anklingt, und 3. als Teil einer nominalen Fügung, in der die Bedeutung des Verbs verlorengegangen ist; es ist jetzt Funktionsverb geworden.

A. a) finden   c) gehen   e) nehmen   g) tragen   i) üben
     b) führen   d) liegen   f) stehen   h) treiben   j) ziehen

1. Karl der Große *herrschte* über halb Europa.

   Im letzten Winter *herrschte* eine strenge *Kälte*.

   Während der Woche *herrscht* hier nur schwacher *Verkehr*.

2. Bitte, _____ Sie noch ein Stück Kuchen.

   Der Gast möchte ein Bad _____

   Niemand wollte Stellung _____

3. Der Küster _____ die Fremden durch die Kirche.

   Der Feldherr _____ die Truppen zum Sieg.

   Die Reisenden _____ ein lebhaftes Gespräch.

4. _____ die Kinder schon im Bett?

   Um 6 Uhr dürfte hier noch alles im Schlaf _____

   Die Geschwister _____ seit langem im Streit.

5. Regeln muß man _____

   Es wird gut sein, etwas mehr Geduld zu _____

   Wer selbst Kritik _____ , muß sich auch kritisieren lassen.

6. Die Pferde konnten den Wagen kaum den Berg hinauf _____

   Die Schuldigen müssen zur Verantwortung _____ werden.

   Es ist nicht leicht, daraus einen Schluß zu _____

7. Gott sei Dank, ich habe den verlorenen Brief ....

Kann man denn hier nirgendwo Ruhe .... ?

Auch die Abfälle .... noch irgendeine Verwertung.

8. .... die Stiefel im Schrank?

Die Rote-Kreuz-Mannschaft .... in Bereitschaft.

Das .... in Widerspruch zu dem, was Sie gestern sagten.

9. Der Junge .... die Kühe in den Stall.

Wenn ihr weiter diesen Unfug .... , werdet ihr etwas erleben.

Auch politische Gegner .... Handel miteinander.

10. Es regnet, wir wollen ins Haus ....

Jetzt müssen wir aber an die Arbeit ....

Ist denn niemand da, der dem Chef an die Hand .... kann?

11. Sie können doch nicht drei Koffer ....

Wer hierfür die Verantwortung .... , weiß ich nicht.

Ich .... keine Bedenken, den Vertrag zu unterschreiben.

B.
a) bieten	c) ergreifen	e) halten	g) leisten	i) stiften
b) brechen	d) fassen	f) kommen	h) schließen	j) treten

1. Herr Müller hat viel für die Firma ....

Sie haben mir einen großen Dienst ....

Wollen Sie mir etwas Gesellschaft .... ?

2. Die Andächtigen .... in die Kirche.

Früher war es nicht selten, daß Diplomaten in den Dienst einer ausländischen Macht ....

Es wird gut sein, mit der zuständigen Behörde in Verbindung zu ....

3. Bitte, _____ einmal den Hund!

Die Angestellten _____ ihrem Chef auch in schwierigen Zeiten die Treue.

Wer hat das Hauptreferat _____ ?

4. Otto der Große hat dieses Kloster _____

Es gelang dem Wirt nicht, Ruhe zu _____

Es ist doch gar keine Frage, wer hier immer Zwietracht _____

5. Er _____ dankbar die Hand seines Freundes.

Der Kanzler hat bei der letzten Sitzung zweimal das Wort _____

Die Demonstranten _____ die Flucht, als der Polizeiwagen um die Ecke bog.

6. Es regnet, _____ die Fenster!

Herr Klein muß am 1. Januar seinen Betrieb _____ ; er ist bankrott.

Wann hat man diesen Vertrag _____

7. Sei vorsichtig! Das Material _____ leicht.

Sie hat ihr Versprechen _____

Wer ein Gesetz _____ , wird zur Verantwortung gezogen.

8. Das Kind _____ ängstlich nach der Hand der Mutter.

_____ Sie Mut!

Wenn wir jetzt keinen Entschluß _____ , ist es für immer zu spät.

9. Niemand wollte für den alten Wagen noch etwas _____

Erst der dichte Wald _____ den Flüchtlingen Sicherheit.

Nichts konnte der Zerstörungswut der Menge Einhalt _____

10. Wir sind gestern erst spät nach Hause _____

Die starren Fronten sind endlich in Bewegung _____

Wer ist denn nur auf diesen Gedanken _____ ?

II. bringen zu (a) oder kommen zu (b)?

1. Kann dich denn nichts *zur Vernunft bringen?*
2. Endlich bist du *zur Vernunft gekommen.*
3. Wir müssen jetzt unbedingt *zum Ende* ....
4. Er .... seine Unzufriedenheit deutlich *zum Ausdruck.*
5. Man hofft, daß die Friedensverhandlungen jetzt bald *zum Abschluß* ....
6. Es gelang dem Arzt, den Kranken *zur Ruhe* zu ....
7. Bitte, lassen Sie mich auch einmal *zu Wort* ....!
8. Ich bin *zu der Überzeugung* ...., daß Hans recht hat.
9. Die dringendsten Probleme wurden gar nicht *zur Sprache* ....
10. Die günstige Entwicklung .... leider schnell wieder *zum Stillstand.*

III. bringen in (a) oder kommen in (b)?

1. Die Musik *brachte* die Gäste schnell *in Stimmung.*
2. Norddeutsche *kommen* nicht so rasch *in Stimmung* wie Rheinländer.
3. Sie dürfen unseren Plan nicht *in Gefahr* ....
4. Ob es dir jemals gelingt, deine Finanzen *in Ordnung* zu ....?
5. Wenn die Preise einmal *in Bewegung* .... sind, kann man sie nur schwer bremsen.
6. Es wird noch etwas dauern, bis das Gerät allgemein *in Gebrauch* ....
7. Man muß diese Anweisung sofort *in Umlauf* ....
8. Menschen, die in der Öffentlichkeit wirken, ... leicht ohne ihre Schuld *ins Gerede.*
9. Diese Methode ist zu Unrecht *in einen schlechten Ruf* ....
10. Die Arbeit .... nur langsam *in Gang.*

IV. versetzen in (a) oder geraten in (b)?

1. Der Brandgeruch *versetzte* das Publikum *in Panik.*
2. Als die ersten Schüsse fielen, *geriet* die Menge *in Panik.*
3. Was hat ihn denn *in* eine solche *Wut* ....?
4. Die Familie ist unverschuldet *in Not* ....
5. Wir sind *in eine* nahezu hoffnungslose *Lage* ....
6. Die Firma ist *in den Verdacht* ...., Steuern zu hinterziehen.
7. Der Widerspruch .... ihn *in* einen blinden *Zorn.*
8. Sie .... durch die unerwartete Frage *in* die größte *Verlegenheit.*
9. Die Musik .... die jungen Zuhörer *in* eine Art *Rausch.*
10. Ist es Ihnen denn nicht möglich, sich *in meine Situation* zu ....?

V. stehen (a), stellen (b) oder setzen (c)?

1. Wer möchte noch *eine Frage stellen?*
2. Ich möchte Ihren guten Willen nicht *in Frage* ....
3. Haben Sie sich mit dem Sekretariat *in Verbindung* ....?
4. Die junge Generation .... immer *in Opposition* zur älteren.
5. Sie dürfen keine unerfüllbaren *Bedingungen* ....
6. Dem Drogenmißbrauch muß *ein Ende* .... werden.
7. Der Zug .... sich *in Bewegung.*
8. Wir .... mit dieser Firma schon lange *in Verbindung.*
9. *Den Antrag* mußt du sofort ....
10. Noch weiß man nicht, wer das Gebäude *in Brand* .... hat.
11. Ich möchte noch einen wichtigen Punkt *zur Diskussion* ....
12. Diese Frage .... nicht *zur Diskussion.*
13. Die Gewerkschaft .... erneut *Forderungen* auf Arbeitszeitverkürzung.

VI. führen (a) oder treiben (b)?

1. Die Gäste *führten eine* angeregte *Unterhaltung.*
2. *Treiben Sie Sport?*
3. Auch verfeindete Staaten .... *Handel* miteinander.
4. .... keinen *Unfug,* wenn ihr allein seid.
5. Familie Müller .... einen *Aufwand,* den sie sich eigentlich gar nicht leisten kann.
6. Welcher Lehrer .... heute die *Aufsicht?*
7. Die Schüler .... ihren *Spaß* mit dem unerfahrenen Lehrer.
8. Als die Menschen begannen, *Ackerbau* zu .... , wurden sie seßhaft.
9. Er hat *einen Prozeß* nach dem andern .... und dabei sein ganzes Geld verloren.
10. Im Mittelalter .... auch die Städte häufig *Krieg* miteinander.
11. Hoffentlich gelingt es, die Verhandlungen *zu einem guten Ende* zu ....

VII. fassen (a) oder treffen (b)?

1. Nach langen Diskussionen *wurde ein Beschluß gefaßt.*
2. Du mußt jetzt *eine Entscheidung treffen.*
3. Es ist leichter *einen Vorsatz* zu .... , als ihn auszuführen.
4. Die Gäste .... *Anstalten* aufzubrechen.
5. Wir haben *die Vereinbarung* .... und müssen sie auch einhalten.
6. Es besteht nur geringe Aussicht, daß *ein* zufriedenstellendes *Abkommen* .... wird.
7. .... Sie *Mut!*
8. Er hat schon öfter *den Entschluß* .... , nicht mehr zu rauchen.
9. Es müssen endlich *Maßnahmen* .... werden, diesen Zustand zu beenden.

VIII. Der Laie sagt:

Der Fachmann sagt:

1. Verarbeiten Sie gutes Material?

   Bei uns *kommt* nur einwandfreies Material *zur Verarbeitung.*

2. Das kann man nicht beweisen.

   Der *Beweis* kann nicht .... werden.

3. Ich überlege, wie ich vorgehen soll.

   Man sollte *Überlegungen* über das zweckmäßigste Vorgehen ....

4. Wir müssen für die Zukunft sorgen.

   Für die Zukunft muß *Vorsorge* .... werden.

5. Ich frage mich, ob die Statistik stimmt.

   Die Genauigkeit der Statistik muß *in Frage* .... werden.

6. Mich hat das Stück sehr beeinflußt.

   Das Werk hat einen großen Einfluß auf mich ....

7. Ich habe meine Arbeit jetzt abgeschlossen.

   Die Testreihen sind jetzt *zum Abschluß* ....

8. Ich muß das Ergebnis kontrollieren.

   Das Ergebnis wird *einer Kontrolle* ....

9. Ich denke an einen Umbau.

   Ein Umbau wird *in Erwägung* ....

a) anstellen   c) bringen   e) stellen   g) unterziehen
b) ausüben   d) erbringen   f) treffen   h) ziehen

IX. Der Privatmann sagt:

Die Behörde sagt:

1. Ich beschwere mich.

   Es wurde *Beschwerde eingelegt.*

2. Ich habe dir einiges vorzuwerfen.

   Es wurden *Vorwürfe* ....

3. Wir folgten der Aufforderung.

   Der Aufforderung wurde *Folge* ....

4. Wir haben etwas verwechselt. Es .... eine Verwechslung ....

5. Morgen prüft Professor X. Professor X. wird *die Prüfung* ....

6. Wir sind gütlich übereingekommen. *Ein Übereinkommen* wurde ....

7. Er unterrichtet am Gymnasium. *Der Unterricht* wird von Fachkräften ....

8. Ich teile Ihnen etwas mit. Sie werden davon *in Kenntnis* ....

9. Wir müssen nachforschen. *Nachforschungen* müssen .... werden.

10. Die Polizei verfolgte den Verbrecher. *Die Verfolgung* des Verbrechers wurde ....

11. Wir führen unsere Pläne durch. Das Vorhaben wird *zur Durchführung* ....

a) abhalten   d) bringen   g) erzielen   j) vorliegen
b) anstellen   e) erheben   h) leisten
c) aufnehmen   f) erteilen   i) setzen

● **X. Rund um das Wort**

A. Wenn in einer Versammlung ein Teilnehmer etwas sagen will, so kann er

1. *ums Wort bitten,* 2. sich *zum Wort* .... , oder einfach

3. *das Wort* ....

4. Der Vorsitzende wird ihm *das Wort* ....

5. Er muß jeden *zu Wort* .... lassen.

6. Nur wenn jemand, der *das Wort* .... , die Redefreiheit

mißbraucht, kann ihm 7. *das Wort* .... werden.

8. Leute, die immer *das große Wort* .... , oder 9. *das letzte*

Wort .... wollen, sind nicht beliebt.

100

10. Sie .... oft den andern *ins Wort,* oder versuchen *es* ihnen

11. ....

a) abschneiden   d) ergreifen   g) führen   j) melden
b) behalten   e) erteilen   h) haben
c) entziehen   f) fallen   i) kommen

B. Nicht jedem fällt es leicht, 1. *das rechte Wort* zu .... ,

oder seine Überzeugung 2. *in die passenden Worte* zu ....

3. Manchmal kann man vor Lärm *sein eigenes Wort* nicht ....

4. Brave Kinder .... *aufs Wort.*

5. Wenn wir etwas feierlich versprechen, so .... wir *unser*

Wort, oder 6. .... *es* gar.

7. Haben wir das getan, so müssen wir *unser Wort* .... und

dürfen *es* nicht 8. ....

9. Falls jemand, der *bei seinem Wort* .... wird, nicht 10. *da-*

zu .... , so darf er sich nicht wundern, wenn man sagt,

er 11. .... *nichts als Worte,* oder alles was er sage,

12. .... leere Worte.

13. Darüber ist kein Wort zu ....

a) brechen   d) gehorchen   g) machen   j) stehen
b) finden   e) halten   h) nehmen   k) verlieren
c) geben   f) kleiden   i) sein   l) verpfänden
                                               m) verstehen

XI. Wer hängt der Katze die Schelle um?

1. Die Mäuse hielten einmal eine Vollversammlung ab, um zu beraten, wie sie

den Nachstellungen der Katze .... könnten.

2. Da war guter Rat teuer, und vergebens forderte der Vorsitzende die er-

fahrensten Mäuse auf, eine Lösung zu ....

3. Endlich .... sich ein junger Mäuserich zu Wort und bat

um die Erlaubnis zu sprechen.

4. Als ihm das Wort _____ worden war, sagte er: „Ich habe lange darüber nachgedacht, warum uns die Katzen so gefährlich sind.

5. Das liegt nicht an ihrer Geschwindigkeit, wovon soviel die Rede _____

6. Wenn wir sie zur rechten Zeit bemerkten, dann _____ wir wohl in der Lage, schnell genug die Flucht zu _____

7. Ihre Überlegenheit liegt vielmehr in ihren samtenen Pfoten.

8. Wir können sie nicht hören, wenn sie heranschleichen, um uns zu fangen und zu töten.

9. Darum _____ ich der Meinung, wir müssen der Katze eine Schelle umbinden, damit ihr Klingen die Nähe der Katze verkündet, bevor es zu spät ist.“

10. Dieser Vorschlag _____ großen Beifall; und es wurde alsbald der Beschluß _____, ihn _____

11. Es müsse jetzt nur die Frage _____ werden, wer es übernehmen solle, der Katze die Schelle umzuhängen.

12. Der Vorsitzende _____ die Meinung, dazu könne niemand geeigneter sein, als der, der den schlauen Rat _____ habe.

13. Da _____ der junge Mäuserich in Verlegenheit und stotterte, er sei zu jung, er kenne die Katze nicht genug.

14. Der Vorsitzende, der sie besser kenne, werde über mehr Geschick _____ _____

15. Der Vorsitzende antwortete, gerade weil er bessere Kenntnisse _____, werde er sich hüten, einen solchen Auftrag zu _____

16. Auch sonst fand sich niemand, der den Auftrag _____ wollte, und so blieb die Herrschaft der Katzen über die Mäuse ungebrochen.

a) ausführen (zweimal)	d) ergreifen	h) geben	l) stellen
b) besitzen	e) erteilen	i) geraten	m) verfügen
c) entgehen	f) fassen	j) melden	n) vertreten
	g) finden (zweimal)	k) sein (dreimal)	o) übernehmen

Lösungen

IA: 2e, 3b, 4d, 5i, 6j, 7a, 8f, 9h, 10c, 11g
 B: 1g, 2j, 3e, 4i, 5c, 6h, 7b, 8d, 9a, 10f
II: 3b, 4a, 5b, 6a, 7b, 8b, 9a, 10b
III: 3a, 4a, 5b, 6b, 7a, 8b, 9b, 10b
IV: 3a, 4b, 5b, 6b, 7a, 8a, 9a, 10a
V: 1b, 2b, 3c, 4a, 5b, 6c, 7c, 8a, 9b, 10c, 11b, 12a, 13b
VI: 3b, 4b, 5b, 6a, 7b, 8b, 9a, 10a, 11a
VII: 3a, 4b, 5b, 6b, 7a, 8a, 9b
VIII: 2d, 3a, 4f, 5e, 6b, 7c, 8g, 9h
IX: 2e, 3h, 4j, 5a, 6g, 7f, 8i, 9b, 10c, 11d
XA: 2j, 3d, 4e, 5i, 6h, 7c, 8g, 9b, 10f, 11a
 B: 1b, 2f, 3m, 4d, 5c, 6l, 7e, 8a, 9h, 10j, 11g, 12i, 13k
XI: 1c, 2g, 3j, 4e, 5k, 6k,d, 9k, 10g,f,a, 11 l, 12n,e, 13i, 14m, 15b,o, 16a

Feste Vorsilben

I. Die Vorsilbe be-

Durch die Vorsilbe be- wird das Verb transitiv. Damit wird auch die Bildung des Passivs möglich.

A. *Verwenden Sie die Verben mit „be-":*

1. Ich antworte auf die Frage. *Ich beantworte die Frage.*
2. Alle Staaten kämpfen gegen den Rauschgiftschmuggel.
3. Die Gläubigen sind in die Kirche getreten.
4. Können Sie für die Theaterkarten sorgen?
5. Die Verkehrspolizei ist regelmäßig über die Strecke gefahren.
6. Es ist Ihre Sache, wenn Sie meinem Rat nicht folgen wollen.
7. Die Firma liefert fast nur an Kunden im Ausland.
8. Zweifeln Sie an meinen Worten?
9. Die Soldaten stürmten gegen die feindlichen Festungen.
10. Du darfst ihnen nicht drohen.
11. Die Leute lachten herzlich über den Witz.
12. Die alte Frau klagte über ihre Einsamkeit.
13. Wie urteilen Sie darüber?
14. Kritzele nicht auf das Blatt!
15. Wir wohnen in diesem Haus.
16. Die Zuschauer jubelten über den Sieg ihrer Fußballmannschaft.
17. Können Sie mir raten?
18. Die Kinder staunten über die Kunststücke des Zirkusclowns.

B. *Das neue Verb ist meist perfektiv:*

1. Er streute Sand auf den Weg.
   Er bestreute den Weg mit Sand (= den ganzen Weg).
2. Die Arbeiter luden Steine auf den Wagen.
3. Sollen wir Rosen in das Beet pflanzen?
4. Die Kinder warfen mit Schneebällen nach dem fremden Jungen.
5. Vor einer Wahl werden viele Plakate an die Wände geklebt.
6. Frau Schmidt hängt sich gerne viel Schmuck um.
7. Die Mutter strich Butter auf die Brote.
8. Wer hat die Farbe auf die Tür geschmiert?

C. *Achten Sie auf den Bedeutungsunterschied:*

1. Ich *wundere mich* über dein Verhalten. (Ich finde es sonderbar)
   Ich *bewundere* dein Verhalten. (Ich finde es großartig)

2. *dienen, bedienen:*
a) Bitte .... Sie sich!
b) Wozu .... eigentlich dieser Apparat?

3. *graben, begraben:*
a) Wir wollen unseren Streit ....
b) Der Bagger hat ein tiefes Loch in die Erde ....

4. *greifen, begreifen:*
a) Das Kind .... hungrig nach dem Butterbrot.
b) Hast du endlich ...., was ich meine?

5. *sich handeln, behandeln:*
a) Ich weiß nicht, worum es sich ....
b) Ich fürchte, sie fühlt sich schlecht ....

6. *heben, beheben:*
a) Der Schaden ließ sich rasch ....
b) Der Vater .... das Kind auf die Schaukel.

7. *helfen, sich behelfen:*
a) Bis ich etwas Besseres finde, muß ich mich mit diesem Gerät ....
b) Es .... nichts; Sie müssen ausziehen.

8. *nützen, benützen:*
a) Meine Ermahnung hat nicht ....
b) Bei der Prüfung dürfen Sie ein Wörterbuch ....

9. *rühren, berühren:*
a) In dem Zimmer .... sich nichts.
b) Man darf die Ausstellungsstücke nicht ....

10. *schließen, beschließen:*

a) Was haben Sie .... ?

b) Wann wird .... ?

11. *stechen, bestechen:*

a) .... Sie sich nicht an den Dornen!

b) Ein Beamter, der sich .... läßt, wird entlassen.

12. *stehen, bestehen:*

a) Die Anzeige .... heute in der Zeitung.

b) .... Sie auf Ihrer Forderung?

13. *stellen, bestellen:*

a) Darf ich eine Frage .... ?

b) Ich soll Ihnen Grüße von Richard ....

14. *stimmen, bestimmen:*

a) Die Rechnung .... genau.

b) Wer hat eigentlich ...., daß das Institut geschlossen wird?

15. *streiten, bestreiten:*

a) Es ist nicht zu ...., daß er Recht hat.

b) Warum denn immer .... ? Friedlich geht es doch auch.

16. *wachen, bewachen:*

a) Die Schwester muß bei dem Kranken ....

b) Werden die Kunstschätze auch genügend .... ?

17. *weisen, beweisen:*

a) Der Portier .... dem Fremden den Weg.

b) Die Wahrheit wird sich kaum mehr .... lassen.

D. *Bilden Sie aus dem Nomen ein Verb:*

1. Zu Ehren des hohen Gastes hat man die öffentlichen Gebäude *beflaggt.* (e Flagge)

2. Jeder Aktendeckel muß deutlich ＿＿＿＿＿＿＿ werden. (e Schrift)

3. Wer so ＿＿＿＿＿＿＿ und fleißig ist, wird seinen Weg machen. (e Gabe)

4. Es sieht aus, als sei der Film zu lange ＿＿＿＿＿＿＿ worden. (s Licht)

5. Noch weiß niemand, wann ein ＿＿＿＿＿＿＿ Raumschiff zum Mars fliegen wird. (r Mann)

6. Der Geheimagent wird schon seit Wochen ＿＿＿＿＿＿＿ (r Schatten)

7. Er fürchtete, daß sein guter Name ＿＿＿＿＿＿＿ werden könnte. (r Fleck)

8. Man ＿＿＿＿＿＿＿ die Zahl der Toten auf über hundert. (e Ziffer)

9. Die Gegend wird durch ＿＿＿＿＿＿＿ Banden unsicher gemacht. (Waffen)

10. Das Unglück wäre nicht geschehen, wenn das Auto rechtzeitig neu ＿＿＿＿＿＿＿ worden wäre. (r Reifen)

11. Die Aussicht, bald am Ziel zu sein, ＿＿＿＿＿＿＿ ihren Eifer. (r Flügel)

12. Wenn die Bäume wieder ＿＿＿＿＿＿＿ sind, sieht es hier ganz anders aus. (s Laub)

13. Der Himmel war nur leicht ＿＿＿＿＿＿＿ (e Wolke)

14. Um die Gesetze des Vogelflugs studieren zu können, werden viele Vögel ＿＿＿＿＿＿＿ (r Ring)

15. Warum wird ausgerechnet diese Firma so lange ＿＿＿＿＿＿＿? (r Streik)

16. Die Arbeit konnte leider nicht gut ＿＿＿＿＿＿＿ werden. (e Note)

E. *Manchmal schiebt sich „ig-" zwischen das Nomen und die Endung des Verbs:*

1. Die Unterschrift muß *beglaubigt* werden. (r Glaube)

2. Ein Lehrer darf nicht einzelne Schüler ＿＿＿＿＿＿＿ (e Gunst)

3. Der Verurteilte wurde ＿＿＿＿＿＿＿ (e Gnade)

4. Dürfen wir uns an den Unkosten ....? (r Teil)

5. Damit haben Sie ihn schwer .... (s Leid)

6. Sie müssen sich ihre Arbeitsunfähigkeit .... lassen. (r Schein)

7. Es gelang, auch die letzten Mißverständnisse zu .... (e Seite)

8. Werden Sie in dem Haus auch ....? (e Kost)

9. Dieser Ausweis .... zum kostenlosen Besuch der Ausstellung (s Recht)

F. *Bilden Sie aus dem Adjektiv ein Verb. In einigen Fällen tritt wieder „-ig"(!) zwischen das Adjektiv und die Endung des Verbs:*

1. Wie ein solcher Unsinn jemand *belustigen* kann, ist mir unbegreiflich.

2. Wir müssen diesen Irrtum ....

3. Es ist schwer, sich von alten Vorurteilen zu ....

4. Du mußt die Papiere ...., sonst fliegen sie davon.

5. Eine solche Frechheit läßt sich durch nichts ....

6. .... Sie die Folie mit einem Schwamm!

7. Eine bessere Arbeitsplanung wird Sie zu besseren Leistungen ....

8. Das Dröhnen der Maschinen .... die Umstehenden.

9. Der Koffer war schlecht .... und ist vom Autodach gefallen.

10. Es gelang den Eltern kaum, den aufgebrachten Lehrer zu ....

11. Ich muß ehrlich sagen, daß mich Ihre Forderung ....

12. .... Sie den Jungen nicht in seinem Eigensinn!

13. Er .... seinen Befehl mit einem Schlag auf den Tisch.

14. Ich möchte meine Rechnung ....

15. Das Auto .... sein Tempo.

16. Hoffentlich fühlen Sie sich in dem kleinen Zimmer nicht zu ....

a) eng	d) feucht	g) gleich	j) sanft (!)	m) schwer
b) fähig	e) frei	h) kräftig	k) schleunig	n) stark
c) fest (!)	f) fremd	i) richtig	l) schön (!)	o) taub

108

II. Die Vorsilbe ver-

A. *Etwas „verschwindet" oder geht zugrunde:*

1. Die Zeit *verstreicht.*
2. Holz ver........
3. Schmerzen ver........
4. Obst ver........
5. Feuer ver........
6. Alte Häuser ver........
7. Tau ver........
8. Musik ver........
9. Eisen ver........
10. Blumen ver........
11. Brot ver........
12. Wassertropfen auf der heißen Herdplatte ver........
13. Menschen und Tiere können in Notzeiten ver........
14. oder ver........

a) blühen
b) brennen
c) dampfen
d) dursten
e) dunsten
f) fallen
g) faulen
h) gehen
i) glühen
j) hungern
k) klingen
l) rosten
m) schimmeln

B. *Man kann manches falsch machen:*

1. Einen Draht kann man *verbiegen.*

2. Hält man seinen Freunden nicht die Treue, so ver........ man sie.

3. Ärgert man seine Freundin, so ver........ man sie.

4. Hört man auf falsche Argumente, so läßt man sich ver........

5. In der Zeitung ist manchmal ein Wort ver........

6. Der Boden ist ganz naß. Wer hat das Wasser ver........?

7. Wieder einen ganzen Tag ver........ und nichts geschafft!

8. Bitte, schreiben Sie den Termin auf und ver........ Sie die Verabredung nicht.

9. Das Fernsehbild ist unklar; da hat jemand den Knopf ver........

10. Nehmen Sie diese ver........ Suppe fort!

11. Ich habe das Buch wiedergefunden; ich hatte es ver........

a) bummeln
b) drehen
c) drucken
d) führen
e) gießen
f) legen
g) raten
h) salzen
i) säumen
j) stimmen

C. *Vielfach kann man „sich vertun":*

1. An einem schlechten Tag haben Sie *sich* sicher am Morgen *verschlafen*.

2. Passen Sie auf, daß Sie sich dann nicht gleich beim Aufstehen den Fuß ver............

3. Bei den Rundfunknachrichten ver............ Sie sich.

4. In der Zeitung ver............ Sie sich.

5. Beim Kaffeetrinken ver............ Sie sich.

6. Aus lauter Zerstreutheit ver............ Sie sich sogar auf dem Weg ins Büro.

7. Sie grüßen fremde Leute, weil Sie sich ver............ haben.

8. Bei jedem Brief ver............ Sie sich.

9. Bei der kleinsten Addition ver............ Sie sich.

10. Wenn Sie eine Skizze machen wollen, ver............ Sie sich.

11. Und wenn Sie nachsehen wollen, ob das Geld noch reicht, ver............ Sie sich.

12. Kurz, Sie ver............ sich, wo es nur möglich ist.

a) hören	d) rechnen	f) schreiben	h) treten	j) zählen
b) laufen	e) schlucken	g) sehen	i) tun	k) zeichnen
c) lesen				

D. *Wenn Sie eine Sache anders machen wollen, „verändern" Sie sie:*

1. Die Aufgabe ist zu schwer, kann sie nicht *vereinfacht* werden?

2. Kostspielige Verpackung ver............ oft die Waren.

3. Seine schweren Erfahrungen haben ihn ver............

4. Bei Fliegeralarm müssen die Häuser ver............ werden.

5. Sie haben nur die Hälfte der Fehler ver............

6. Alle Parteien bemühten sich, die politische Lage nicht weiter zu ver............

7. Der Widerspruch ver............ nur seine Wut.

8. Der Graben ist zu flach; er muß ver............... werden.

9. Durch Filmdarbietungen soll den Reisenden die Zeit ver...............
   werden.

10. Für Rentner werden manche Fahrten ver...............

11. Mit diesen Fragen ver............... Sie das Kind nur.

12. Man versucht durch Parkanlagen das Städtebild zu ver...............

13. Ist der Abschlußbericht schon ver...............?

14. Der Verdacht hat sich so ver..............., daß bald mit einer Ver-
    haftung zu rechnen ist.

15. Es gelang im letzten Augenblick, das Verbrechen zu ver...............

a) besser	d) dicht	g) kurz	j) schön	m) tief
b) billig	e) dunkel	h) öffentlich	k) stark	n) wirr
c) bitter	f) eitel	i) scharf	l) teuer	

III. Die Vorsilbe er-

A. *Man kann sein Ziel auf mancherlei Weise „erreichen":*

1. Wer eine Sprache gründlich gelernt hat, hat sie *erlernt*.

2. Wofür man mit Erfolg gearbeitet hat, das hat man ....

3. Was man durch Kämpfen gewonnen hat, hat man ....

4. Worum man mit Erfolg gebeten hat, das hat man ....

5. Wer das Geld für sein Haus gespart hat, hat dieses ....

6. Was man richtig geraten hat, hat man...............

7. Wer auf den Gipfel eines Berges gestiegen ist, hat ihn ....

8. Wer auf die Spitze eines Felsens geklettert ist, hat ihn ....

9. Wer durch Heirat zu Besitz gekommen ist, hat ihn ....

10. Wonach man erfolgreich gefragt hat, das hat man ....

11. Was man durch Schmeicheln erreicht hat, das hat man ....

12. Wonach man fest gegriffen hat, das hat man...............

B. *Das Ergebnis kann auch Vernichtung oder Tod sein:*

1. Der tollwütige Hund mußte *erschossen* werden.

2. Die umständlichen Erklärungen er_____ jedes Interesse.

3. Vorsicht mit dem Messer! Du willst mich doch nicht er_____

4. Der Kragen ist so eng; er er_____ mich fast.

5. Er versuchte vergeblich, seinen Kummer in Alkohol zu er_____

6. Die Arbeitslast er_____ sie beinahe.

7. Drei Menschen sind von der Steinlawine er_____ worden.

8. Der Verbrecher hat sich in seiner Zelle er_____

a) drücken	c) schlagen	e) töten	g) würgen
b) hängen	d) stechen	f) tränken	

IV. Die Vorsilbe zer-

Vieles kann entzweigehen, „zerstört" oder „zerkleinert" werden:

1. Unser schöner Plan hat sich *zerschlagen*.

2. Gib acht, daß du die Raupe nicht zer_____

3. Er zer_____ unsere Bedenken.

4. Das Geld zer_____ ihnen nur so unter den Fingern.

5. Der Bengel zer_____ die Sandburg der Kinder.

6. Laß die Kartoffeln nicht wieder zer_____

7. Schon wieder ein Paar Strümpfe zer_____!

8. Wer hat den Spiegel zer_____?

9. Der Wind zer_____ die frisch gekämmten Locken.

10. Das Buch ist schon ganz zer_____

11. Die alte Ruine zer_____ immer mehr.

12. Der herabstürzende Felsen zer_____ das Haus.

a) brechen	d) lesen	g) schmettern	j) treten
b) fallen	e) reißen	h) streuen	k) zausen
c) kochen	f) rinnen	i) trampeln	

V. Die Vorsilbe ent-

Was man alles wegnehmen oder „entziehen" kann:

1. dem Kleid die Flecken, es wird *entfleckt.*

2. der Flasche ihren Korken, sie wird ....

3. dem Meerwasser das Salz, es wird ....

4. dem Einbrecher die Waffen, er wird ....

5. einem Geheimnis sein Rätsel, es wird ....

6. dem König seinen Thron, er wird ....

7. dem Körper Gifte, er wird ....

8. dem sumpfigen Gelände Wasser, es wird ....

9. einem Hasen die Haut, er wird ....

10. einem Politiker die Macht, er wird ....

11. einer Minderheit ihre Rechte, sie wird ....

12. dem Landstreicher seine Läuse, er wird ....

13. dem Fisch die Gräten, er wird ....

14. der Milch den Rahm, sie wird ....

15. einer Briefmarke den Wert, sie wird ....

VI. Grundverben und die Vorsilben be-, er-, ver-

1. *fahren, befahren, erfahren, verfahren?*
Wem es zu langweilig ist, immer auf viel.. Straßen zu

.... , wird manchmal .... , daß man sich auf

Seitenstraßen leicht .... kann.

2. *tragen, betragen, ertragen, vertragen?*
Herr Petersen .... gern Sportanzüge. Er ....

sich gut mit seiner Frau, sorgt dafür, daß seine Kinder sich höflich ....

und .... geduldig die Besuche seiner Schwiegereltern.

113

3. *halten, behalten, erhalten, verhalten?*

Warum haben Sie nicht _____? Sie müssen sich im Straßenver-

kehr anders _____, wenn Sie Ihren Führerschein _____

wollen. Den Strafbescheid _____ Sie in den nächsten Tagen.

4. *raten, beraten, erraten, verraten?*

Du bist schlecht _____, wenn du deinem Arzt nicht _____,

was du für Beschwerden hast. _____ wird er es nicht, und er kann

dir deshalb auch nicht _____

5. *lassen, belassen, erlassen, verlassen?*

Wenn Sie das Haus sofort _____ und sich hier nicht mehr sehen

_____, wollen wir es bei der fristlosen Kündigung _____

und Ihnen sogar die restliche Miete _____

6. *fassen, befassen, erfassen, verfassen?*

Der Abgeordnete, der sich lange mit dem Problem _____ hatte

und glaubte, die Zusammenhänge genau _____ zu haben, _____

_____ den Entschluß, eine Denkschrift zu _____

7. *bauen, bebauen, erbauen, verbauen?*

Wir haben uns ein kleines Haus am Stadtrand _____ Mit drei

Hochhäusern, die auf einem Gelände _____ werden, das eigent-

lich gar nicht _____ werden sollte, _____ man uns

jetzt die ganze Aussicht.

8. *folgen, befolgen, erfolgen, verfolgen?*

Sie können meinem Rat _____ oder ihn nicht _____

— _____ Sie aber Ihre Pläne weiter, so kann es sein, daß der

Vertragsabschluß gar nicht _____

9. *ziehen, beziehen, erziehen, verziehen?*

Wenn du den Hund noch einmal am Schwanz ...., wirst du

eine Tracht Prügel .... Deine Eltern haben dich nicht ....

........................., sondern ....

10. *leben, beleben, erleben, verleben?*

Wir haben schöne Tage in Italien .... und manches Inter-

essante .... Die Menschen .... dort viel

mehr im Freien, und die Straßen sind auch abends noch ganz ....

11. *schließen, beschließen, erschließen, verschließen?*

Die Direktion ...., die erst vor einem Jahr ....

Kupfermine wieder zu .... Sie .... sich allen

Gegenargumenten.

VII. be-, ent-, er-, ver-?

1. Die Zeit *vergeht* nur langsam.
2. Diese Gelegenheit will ich mir nicht ....gehen lassen.
3. Hoffentlich habe ich keine Dummheit ....gangen.
4. Der Demagoge ....ging sich stundenlang in Hetzreden.
5. Sie ließ alles geduldig über sich ....gehen.
6. Im nächsten Jahr ....geht die Stadt ihre Tausendjahrfeier.
7. Die Kleine ....ging fast vor Verlegenheit.

VIII. be-, er-, ver-, zer-?

1. Ich will im nächsten Semester weniger Vorlesungen *belegen*.
2. Jetzt habe ich meine Notizen doch schon wieder ....legt.
3. Wir müssen leider unseren Besuch auf den Sommer ....legen.

4. Können Sie diese Behauptung ....legen?

5. Ich möchte etwas Warmes, nicht schon wieder ....legte Brote.

6. Ein Jäger freut sich, wenn er einen Bock ....legen kann.

7. Können Sie mir einen Platz ....legen?

8. Er wird sicher jemand finden, der sein Buch ....legt.

9. Es ist fast eine Kunst, einen Braten richtig zu ....legen.

IX. be-, er-, ver-, zer-?

1. Der Betrunkene hat die ganze Einrichtung *zerschlagen*.

2. Die Verhandlungen haben sich ....schlagen.

3. Das Pferd muß neu ....schlagen werden.

4. Der Schrecken ....schlug ihm den Atem.

5. Ich kann kaum sehen; meine Brille ist ....schlagen.

6. Ein Waldarbeiter ist von einem fallenden Baum ....schlagen worden.

X. be-, ent-, er-, ver-, zer-?

1. Können Sie sich in meine Lage *versetzen*?

2. Sie müssen den Schaden ....setzen.

3. Das Armband war mit Edelsteinen ....setzt.

4. Ist die Telefonzelle immer noch ....setzt?

5. Der Beamte wurde nach Hannover ....setzt.

6. Es gelang den Truppen, die vom Feind belagerte Stadt zu ....setzen.

7. Der Anblick ....setzte sie so, daß sie in Ohnmacht fiel.

8. Die Rollen waren in diesem Stück völlig falsch ....setzt.

9. Er mußte seine Uhr ....setzen, um seine Miete bezahlen zu können.

10. Ich warte auf Fräulein Braun, ich fürchte, sie hat mich ....setzt.

11. Mißtrauen ....setzt jede Freundschaft.

12. Der Präsident wurde seines Amtes ....setzt.

13. Wenn der Junge auch dieses Jahr nicht ....setzt wird, muß er von der Schule.

14. Der Zug war nur schwach ....setzt.

15. Die Mauer wurde ....setzt, damit der Bürgersteig breiter wurde.

XI. be-, ent-, ver-?

1. Haben Sie ein Taxi *bestellt?*

2. Wegen des kalten Frühjahrs konnten die Bauern ihre Felder nicht rechtzeitig ....stellen.

3. Der Erpresser ....stellte seine Stimme am Telefon.

4. Das Mädchen fürchtete, daß die Narben sie ....stellten.

5. Soll ich Ihrem Bruder etwas ....stellen?

6. Die Zeitung hat die Worte des Ministers ....stellt wiedergegeben.

7. Die Polizisten ....stellten dem Flüchtigen den Weg.

8. Kann man den Hebel ....stellen?

Lösungen

I A: 2 Sie bekämpfen den Rauschgiftschmuggel. 3 Sie haben die Kirche betreten. 4 Können Sie die Theaterkarten besorgen? 5 Sie befährt die Strecke. 6 ...., wenn Sie meinen Rat nicht befolgen wollen. 7 Sie beliefert Kunden im Ausland. 8 Bezweifeln Sie meine Worte? 9 Sie bestürmten die Festungen. 10 Du darfst sie nicht bedrohen. 11 Sie belachten den Witz. 12 Sie beklagte ihre Einsamkeit. 13 Wie beurteilen Sie das? 14 Bekritzele das Blatt nicht? 15 Wir bewohnen dieses Haus. 16 Sie bejubelten den Sieg. 17 Können Sie mich beraten? 18 Sie bestaunten die Kunststücke.

  B: 2 Sie beluden ihn mit Steinen. 3 Sollen wir es mit Rosen bepflanzen? 4 Sie bewarfen ihn mit Schneebällen. 5 Sie werden mit Plakaten beklebt. 6 Sie behängt sich gern mit Schmuck. 7 Sie bestrich sie mit Butter. 8 Wer hat die Tür mit Farbe beschmiert?

I C: 2a bedienen, 2 b dient, 3a begraben, 3b gegraben, 4a griff, 4b begriffen, 5a handelt, 5b behandelt, 6a beheben, 6b hob, 7a behelfen, 7b hilft, 8a genützt, 8b benützen, 9a rührte, 9b berühren, 10a beschlossen, 10b geschlossen, 11a stechen, 11b bestechen, 12a steht, 12b bestehen, 13a stellen, 13b bestellen, 14a stimmt, 14b bestimmt, 15a bestreiten, 15b streiten, 16a wachen, 16b bewacht, 17a wies, 17b beweisen

  D: 2 beschriftet, 3 begabt, 4 belichtet, 5 bemanntes, 6 beschattet, 7 befleckt, 8 beziffert, 9 bewaffnete, 10 bereift, 11 beflügelte, 12 belaubt, 13 bewölkt, 14 beringt, 15 bestreikt, 16 benotet

  E: 2 begünstigen, 3 begnadigt, 4 beteiligen, 5 beleidigt, 6 bescheinigen, 7 beseitigen, 8 beköstigt, 9 berechtigt

  F: 2i, 3e, 4m, 5l, 6d, 7b, 8o, 9c, 10j, 11f, 12n, 13h, 14g, 15k, 16a

II A: 2b, 3h, 4g, 5i, 6f, 7e, 8k, 9l, 10a, 11m, 12c, 13j, 14d

  B: 2g, 3j, 4d, 5c, 6e, 7a, 8i, 9b, 10h, 11f

  C: 2h, 3a, 4c, 5e, 6b, 7g, 8f, 9d, 10k, 11j, 12i

  D: 21, 3c, 4e, 5a, 6i, 7k, 8m, 9g, 10b, 11n, 12j, 13h, 14d, 15f

III A: 2 erarbeitet, 3 erkämpft, 4 erbeten, 5 erspart, 6 erraten, 7 erstiegen, 8 erklettert, 9 erheiratet, 10 erfragt, 11 erschmeichelt, 12 ergriffen

  B: 2e, 3d, 4g, 5f, 6a, 7c, 8b

IV: 2j, 3h, 4f, 5i, 6c, 7e, 8a, 9k, 10d, 11b, 12g

V: 2 entkorkt, 3 entsalzt, 4 entwaffnet, 5 enträtselt, 6 entthront, 7 entgiftet, 8 entwässert, 9 enthäutet, 10 entmachtet, 11 entrechtet, 12 entlaust, 13 entgrätet, 14 entrahmt, 15 entwertet

VI: 1 befahrene, fahren, erfahren, verfahren, 2 trägt, verträgt, betragen, erträgt, 3 gehalten, verhalten, behalten, erhalten, 4 beraten, verrätst, erraten, raten, 5 verlassen, lassen, belassen, erlassen, 6 befaßt, erfaßt, faßte, verfassen, 7 gebaut, erbaut, bebaut, verbaut, 8 folgen, befolgen, verfolgen, erfolgen, 9 ziehst, beziehen, erzogen, verzogen, 10 verlebt, erlebt, leben, belebt, 11 beschloß, erschlossene, schließen, verschloß

VII: 2 ent-, 3 be-, 4 er-, 5 er-, 6 be-, 7 ver-

VIII: 2 ver-, 3 ver-, 4 be-, 5 be-, 6 er-, 7 be-, 8 ver-, 9 zer-

IX: 2 zer-, 3 be-, 4 ver-, 5 be-, 6 er-

X: 2 er-, 3 be-, 4 be-, 5 ver-, 6 ent-, 7 ent-, 8 be-, 9 ver-, 10 ver-, 11 zer-, 12 ent-, 13 ver-, 14 be-, 15 ver-

XI: 2 be-, 3 ver-, 4 ent-, 5 be-, 6 ent-, 7 ver-, 8 ver

Feste Vorsilben bei Verben mit gleichem Stamm

	be-	ent-	er-	ver-
achten	beachten		erachten	verachten
arbeiten	bearbeiten		erarbeiten	verarbeiten
bauen	bebauen		erbauen	verbauen
bieten		entbieten	s. erbieten	verbieten
binden		entbinden		verbinden
bitten			erbitten	s. verbitten
blühen			erblühen	verblühen
brechen			erbrechen	verbrechen
brennen		entbrennen		verbrennen
bringen			erbringen	verbringen
denken	bedenken		erdenken	verdenken
deuten	bedeuten			
dienen	bedienen		erdienen	verdienen
drängen	bedrängen			verdrängen
drücken	bedrücken		erdrücken	verdrücken
drucken	bedrucken			verdrucken
eilen	s. beeilen		ereilen	
enden	beenden			verenden
erben	beerben	enterben	ererben	vererben
fahren	befahren	entfahren	erfahren	verfahren
fallen	befallen	entfallen		verfallen
fassen	s. befassen		erfassen	verfassen
fehlen	befehlen			verfehlen
finden	befinden		erfinden	
fliegen		entfliegen		s. verfliegen
folgen	befolgen		erfolgen	verfolgen
fragen	befragen		erfragen	
führen		entführen		verführen
geben	s. begeben		s. ergeben	vergeben
gehen	begehen	entgehen	ergehen	vergehen
gelten		entgelten		vergelten
gießen	begießen		ergießen	vergießen
gleiten	begleiten	entgleiten		
glühen			erglühen	verglühen
graben	begraben			vergraben
greifen	begreifen		ergreifen	s. vergreifen
halten	behalten	enthalten	erhalten	s. verhalten

119

	be-	ent-	er-	ver-
handeln	behandeln		erhandeln	verhandeln
hängen	behängen		erhängen	verhängen
harren	beharren			verharren
heben	beheben	entheben	erheben	s. verheben
helfen	behelfen			verhelfen
hören			erhören	verhören
irren	beirren			s. verirren
kämpfen	bekämpfen		erkämpfen	
kaufen			erkaufen	verkaufen
kehren	bekehren			verkehren
kennen	bekennen		erkennen	verkennen
klagen	beklagen			verklagen
klingen			erklingen	verklingen
kommen	bekommen	entkommen		verkommen
künden	bekunden			verkünden
lachen	belachen			verlachen
laden	beladen	entladen		verladen
lassen	belassen	entlassen	erlassen	verlassen
laufen	belaufen	entlaufen		s. verlaufen
leben	beleben		erleben	verleben
legen	belegen		erlegen	verlegen
leiden			erleiden	verleiden
leihen	beleihen	entleihen		verleihen
leuchten	beleuchten		erleuchten	
geloben		s. entloben		s. verloben
merken	bemerken			vermerken
nehmen	s. benehmen	entnehmen		vernehmen
packen	bepacken			verpacken
pflanzen	bepflanzen			verpflanzen
raten	beraten	entraten	erraten	verraten
rechnen	berechnen		errechnen	verrechnen
reißen		entreißen		verreißen
richten	berichten	entrichten	errichten	verrichten
rücken	berücken	entrücken		verrücken
rühren	berühren			verrühren
sagen	besagen	entsagen		versagen
schaffen	beschaffen		erschaffen	verschaffen
scheiden	bescheiden	entscheiden		verscheiden
scheinen	bescheinen		erscheinen	

	be-	ent-	er-	ver-
schenken	beschenken			verschenken
schicken	beschicken			verschicken
schießen	beschießen		erschießen	verschießen
schlafen	beschlafen			verschlafen
schlagen	beschlagen		erschlagen	verschlagen
schließen	beschließen	s. entschließen	erschließen	verschließen
schneiden	beschneiden			verschneiden
schreiben	beschreiben			verschreiben
sehen	besehen		ersehen	versehen
setzen	besetzen	entsetzen	ersetzen	versetzen
sichern		entsichern		versichern
spielen	bespielen		erspielen	verspielen
sprechen	besprechen	entsprechen		versprechen
stechen	bestechen		erstechen	
stehen	bestehen	entstehen	erstehen	verstehen
steigen	besteigen		ersteigen	s. versteigen
stellen	bestellen	entstellen	erstellen	verstellen
stimmen	bestimmen			verstimmen
streichen	bestreichen			verstreichen
stürmen	bestürmen		erstürmen	
suchen	besuchen		ersuchen	versuchen
teilen			erteilen	verteilen
tragen	betragen		ertragen	vertragen
treiben	betreiben			vertreiben
treten	betreten			vertreten
wachsen	bewachsen	entwachsen	erwachsen	verwachsen
weisen	beweisen		erweisen	verweisen
werfen	bewerfen	entwerfen		verwerfen
wenden		entwenden		verwenden
wirken	bewirken		erwirken	verwirken
wohnen	bewohnen			verwohnen
zählen			erzählen	s. verzählen
zeichnen	bezeichnen			s. verzeichnen
ziehen	beziehen	entziehen	erziehen	verziehen
zweifeln	bezweifeln			verzweifeln
zeugen	bezeugen		erzeugen	

Unfeste Vorsilben

I. ab, an, auf, aus, ein, nach, vor, zu, zurück + gehen

1. Müllers sind nicht da; sie sind *ausgegangen*.
2. Ich komme gleich nach. Bitte gehen Sie schon _____
3. Der Koffer ist zu voll, er geht nicht _____
4. Der kleine Hamster lebt nicht mehr; er ist gestern _____gegangen.
5. Die Polizei geht jedem Hinweis _____
6. Es ging schon auf den Abend _____
7. Leider ging er auf meine Vorschläge nicht _____
8. Keines der Kinder soll bei der Verlosung leer _____gehen.
9. Ich habe etwas vergessen, ich muß noch einmal _____gehen.
10. Dir werden die Augen erst _____gehen, wenn es zu spät ist.
11. Es ist erst 7 Uhr. Ihre Uhr geht _____
12. Es ist schon 8 Uhr. Ihre Uhr geht _____
13. Bei der Faschingsfeier ging es munter _____
14. Warum die Aufregung? Was geht denn hier _____?
15. Die Suppe ist ein bißchen fade; mir ist das Salz _____gegangen.
16. Es geht nicht _____, den Vertrag jetzt noch ändern zu wollen.
17. Die Familie lebt gut; sie läßt sich nichts _____gehen.
18. Als der Vorhang _____ging, war die Bühne völlig leer.
19. Diese Arbeit geht _____; damit müssen wir jetzt anfangen.
20. Der Umsatz des Geschäftes ist im letzten Jahr stark _____gegangen.

II. ab, an, auf, aus, ein, vor, zu, zurück + legen

1. Der Staatsanwalt *legte* Berufung *ein*.
2. Bitte, legen Sie Ihren Mantel _____

3. Ich habe meine Börse vergessen, könnten Sie den Betrag für mich
   _____legen?
4. Das Buch wird im Herbst neu _____gelegt.
5. Ich habe genug Geld _____gelegt, um eine schöne Reise machen
   zu können.
6. Die Bank berät sie, wie Sie Ihr Geld am besten _____legen.
7. Nanu, haben Sie sich ein neues Fernsehgerät _____gelegt?
8. Wenn meine Eltern noch etwas _____legen, kann ich mir das Ton-
   bandgerät kaufen.
9. Ich möchte jemand abholen, wo legt das Schiff _____?
10. Sie müssen von Bord, das Schiff legt in 10 Minuten _____
11. Der Ober legte den Gästen den Braten _____
12. Hat der Angeklagte ein Geständnis _____gelegt?
13. Bitte, legen Sie mir die Ware _____! Ich hole sie morgen.
14. Sie legt es doch nur darauf _____, Streit zu bekommen.

III. ab, an, auf, aus, ein, nach, vor, zu, zurück + schlagen

1. Der Zirkus *schlug* vor der Stadt seine Zelte *auf*.
2. Das weiß ich nicht; ich muß einmal _____schlagen.
3. Die Mutter konnte den Kindern keine Bitte _____schlagen.
4. Ich habe ihm ein Angebot gemacht, und er hat _____geschlagen.
5. Ich habe ihm ein Angebot gemacht, aber er hat es _____geschlagen.
6. Bitte, schlagen Sie die Bücher _____, wir wollen anfangen.
7. Der Termin ist am Schwarzen Brett _____geschlagen.
8. Die Nachricht schlug _____ wie ein Blitz.
9. Welchen Weg wir _____schlagen sollen, weiß ich wirklich nicht.
10. Ich möchte Ihnen einen Kompromiß _____schlagen.
11. Fang keinen Streit mit dem an, der schlägt sofort _____

IV. ab, an, aus, ein, vor, zu, zurück + setzen

1. Er *setzte* zu einer Antwort *an,* schwieg aber dann doch.

2. Wenn ihr mir so ....setzt, tue ich es gerade nicht.

3. Der Rechtsanwalt setzte sich sehr für seinen Mandanten ....

4. Die Hausfrau wußte nicht, was sie den unerwarteten Gästen ....- setzen sollte.

5. Das erfolglose Theaterstück wurde nach acht Tagen ....gesetzt.

6. Als das Herz ....setzte, wußten die Ärzte, daß der Patient verloren war.

7. Mit solchen Argumenten setzten wir uns der Lächerlichkeit ....

8. Die Strafe wurde zur Bewährung ....gesetzt.

9. Sie fühlt sich zu Unrecht ....gesetzt.

10. In einer Demokratie kann auch ein König ....gesetzt werden.

11. Das ist doch gut so, was hast du nur daran ....zusetzen?

V. ab, an, auf, aus, ein, vor, zu, zurück + stellen

1. Ich kann mir kaum mehr *vorstellen,* wie er aussieht.

2. Stell dich nicht so ...., es tut gar nicht weh!

3. Trotz der unvollständigen Anschrift konnte die Post den Brief................................- stellen.

4. Es ist zu heiß. Stell die Heizung ....!

5. Diesen Wunsch müssen Sie vorerst ....stellen.

6. Die Firma stellt am 1. 1. neue Mitarbeiter ....

7. Die Koffer sind zu schwer, ich muß sie einmal ....stellen.

8. Wo werden die neuen archäologischen Funde ....gestellt?

9. Was hat der Bengel denn schon wieder ....gestellt?

10. Bitte, stellen Sie mir eine Quittung ....?

11. Versuchen Sie, sich auf die besonderen Verhältnisse ....zustellen.

12. Darf ich Ihnen Herrn Müller .... stellen?

13. Die Schachfiguren sind bereits .... gestellt.

14. Das Gericht hat das Verfahren wegen Geringfügigkeit .... gestellt.

VI. ab, an, auf, aus, ein, vor, zu, zurück + ziehen

1. Ich habe vergessen, meine Uhr *aufzuziehen.*

2. Sie müssen die Schraube fester .... ziehen.

3. Gehen Sie ins Theater? Sie sind so festlich .... gezogen!

4. Die Ausstellung zog Tausende von Besuchern ....

5. Von der Rechnung können Sie drei Prozent Skonto .... ziehen.

6. Diesen Tisch kann man .... ziehen.

7. Die Gebühren werden von der Post .... gezogen.

8. Der Kamin ist nicht gut, der Rauch zieht schlecht ....

9. Im Herbst werden die Preise wohl wieder .... ziehen.

10. Wieviel Kopien können Sie von einer Matrize .... ziehen?

11. Ich ziehe meinen Vorschlag ....

12. Die Eltern sollten alle Kinder gleich behandeln und keines .... - ziehen.

13. Die Kinder zogen den fremden Jungen ...., bis er weinte.

14. Das Gericht beschloß, zwei Spezialisten .... zuziehen.

15. Endlich zogen die feindlichen Truppen ....

16. Im Nachbarhaus sind neue Mieter .... gezogen.

17. Nicht alle jungen Männer werden zum Militär .... gezogen.

VII. ab, an, auf, aus, ein, frei, nach, nieder, vor, zu, zurück + lassen

1. Wie konnten Sie *zulassen,* daß Ihr Junge ohne Führerschein Auto fährt?

2. Hier zieht es, jemand hat die Tür .... gelassen.

3. Die Flüchtlinge mußten ihr Hab und Gut _____ lassen.

4. Sie haben bei der Textwiedergabe einen wichtigen Punkt _____ gelassen.

5. Der Verhaftete mußte wieder _____ gelassen werden.

6. Du hast wieder die ganze Nacht im Flur das Licht _____ gelassen.

7. Der Schüler hat in seinen Leistungen merklich _____ gelassen.

8. Laß dich doch nicht mit solchen Leuten _____ !

9. Der Angeklagte ließ nicht _____ , seine Unschuld zu beteuern.

10. Ich kann nicht lange in der Schlange stehen, bitte lassen Sie mich _____

11. Der Schmerz ließ langsam _____

12. In dem kleinen Ort will sich kein Arzt _____ lassen.

13. Vor 19 Uhr wird im Theater niemand _____ gelassen.

14. Nicht alle Studenten können an der Universität _____ gelassen werden.

15. Auf dieses Unternehmen ließe ich mich nicht _____

16. Der Lehrling läßt sich gut _____

17. Höst du? Er hat den Motor schon _____ gelassen.

18. Es ist zu windig; wir müssen die Fenster _____ lassen.

● **VIII. Der Knopf ist ab.**

In der Umgangssprache begnügen wir uns manchmal nur mit der Vorsilbe und lassen das zugehörige Verb aus. Wir sagen z. B. „Der Knopf ist ab“ und nicht „Der Knopf ist abgerissen“.

Welches Verb ist weggelassen?

1. Warum ist das Radio nicht an? *angestellt*
2. Ist der Zug nach Nürnberg schon durch?
3. Ernst ist noch nicht auf.
4. Sie hat trotz des Regens keinen Hut auf.
5. Müllers sind aus.

126

6. Habt ihr den Kuchen schon auf?
7. Das Salz ist auf.
8. Meine Schuhsohlen sind durch.
9. Mit dieser Schere bekomme ich die Pappe nicht durch.
10. Hast du die Zeitung immer noch nicht aus?
11. Ist die Zigarre an?
12. Der Ellenbogen an deiner Wolljacke ist ganz durch.
13. Wir haben alle Äpfel ab.
14. Warum hast du keinen Mantel an?
15. Ich bin heute ganz ab.
16. Ende Oktober waren alle Blätter ab.
17. Der Brief ist schon zu.
18. Ist die Haustür zu?
19. Der Henkel der Teekanne ist ab.
20. So, der Knopf ist wieder an.
21. An der neuen Maschine ist schon ein Stück Lack ab.

a) brauchen	g) gehen	l) pflücken	q) spannen
b) brechen	h) kleben	m) schneiden	r) springen
c) essen	i) laufen	n) scheuern	s) stehen
d) fahren	j) lesen	o) schließen	t) stellen
e) fallen	k) nähen	p) setzen	u) ziehen
			v) zünden

Lösungen

I: 2 vor, 3 zu, 4 ein, 5 nach, 6 zu, 7 ein, 8 aus, 9 zurück, 10 auf, 11 vor, 12 nach, 13 zu, 14 vor, 15 aus, 16 an, 17 ab, 18 auf, 19 vor, 20 zurück

II: 2 ab, 3 aus, 4 auf, 5 zurück, 6 an, 7 zu, 8 zu, 9 an, 10 ab, 11 vor, 12 ab, 13 zurück, 14 an

III: 2 nach, 3 ab, 4 ein, 5 aus, 6 auf, 7 an, 8 ein, 9 ein, 10 vor, 11 zurück

IV: 2 zu, 3 ein, 4 vor, 5 ab, 6 aus, 7 aus, 8 aus, 9 zurück, 10 ab, 11 aus

V: 2 an, 3 zu, 4 ab, 5 zurück, 6 ein, 7 ab, 8 aus, 9 an, 10 aus, 11 ein, 12 vor, 13 auf, 14 ein

VI: 2 an, 3 an, 4 an, 5 ab, 6 aus, 7 ein, 8 ab, 9 an, 10 ab, 11 zurück, 12 vor, 13 auf, 14 zu, 15 ab, 16 ein, 17 ein

VII: 2 auf, 3 zurück, 4 aus, 5 frei, 6 an, 7 nach, 8 ein, 9 ab, 10 vor, 11 nach, 12 nieder, 13 ein, 14 zu, 15 ein, 16 an, 17 an, 18 zu

VIII: 2d, 3s, 4p, 5g, 6c, 7a, 8i, 9m, 10j, 11v, 12n, 13l, 14u, 15q, 16e, 17h, 18o, 19b, 20k, 21r

Feste/unfeste Vorsilben

Bei der festen Zusammensetzung ist das Verb betont (über'setzen), *bei der unfesten der Verbzusatz* ('übersetzen).
Der feste Verbzusatz macht das Verb transitiv, die Passivbildung wird möglich.

durch-

a) 'durchbrechen   Die Leiter brach 'durch.
b) durch'brechen   Die Sonne durch'brach die Wolken.

a) 'durchdringen   Seine Stimme dringt überall 'durch.
b) durch'dringen   Die Scheinwerfer durch'dringen den Nebel.

a) 'durchfahren   Der Zug fährt hier 'durch.
b) durch'fahren   Wir haben das ganze Gebiet durch'fahren.

a) 'durchkreuzen   Er kreuzte das Blatt 'durch.
b) durch'kreuzen   Sie durch'kreuzte unseren Plan.

a) 'durchlaufen   Das Dach ist undicht; das Wasser ist 'durchgelaufen.
b) durch'laufen   Der Junge durch'läuft eine schwierige Entwicklungsphase.

a) 'durchschneiden   Er schnitt das Brötchen 'durch.
b) durch'schneiden   Der Fluß durch'schneidet die Ebene.

a) 'durchsetzen   Der neue Lehrer hat sich schnell 'durchgesetzt.
b) durch'setzen   Das Gestein war mit Goldadern durch'setzt.

a) 'durchsuchen   Ich habe das ganze Zimmer 'durchgesucht.
b) durch'suchen   Die Polizei durch'suchte das Zimmer.

über-

a) 'überführen   Der Gefangene wurde nach Köln 'übergeführt.
b) über'führen   Der Angeklagte wurde über'führt.

a) 'übergehen   Die Firma ist in andere Hände 'übergegangen.
b) über'gehen   Der Beamte wurde bei der Beförderung über'gangen.

a) 'überlassen   Sie hat nichts 'übergelassen.
b) über'lassen   Er hat mir das Wörterbuch über'lassen.

a) 'überlaufen   Das Wasser ist 'übergelaufen.
a) über'laufen   Der moderne Kurort ist über'laufen.

a) 'überschlagen   Seine Stimme schlug 'über.
b) über'schlagen   Wir müssen erst die Kosten über'schlagen.

a) 'überschütten   Schütte nichts 'über!
b) über'schütten   Wir wurden mit Vorwürfen über'schüttet.

a) 'übersehen   Ich habe mich daran 'übergesehen.
b) über'sehen   Diesen Fehler habe ich über'sehen.
                Von hier aus können Sie die ganze Ebene über'sehen.

a) 'übersetzen   Wir setzen hier mit der Fähre 'über.
b) über'setzen   Sie über'setzt sehr sorgfältig.

a) 'überstehen   Ein Stück Holz steht 'über, das muß abgesägt werden.
b) über'stehen   Diesmal habe ich meine Grippe schnell über'standen.

a) 'übertreten   Er ist zum Buddhismus 'übergetreten.
b) über'treten   Diese Verordnung wird oft über'treten.

a) 'überwerfen   Wirf dir die Decke 'über!
b) über'werfen   Die Freunde haben sich über'worfen.

a) 'überziehen   Er zog den Mantel 'über.
b) über'ziehen   Sie dürfen Ihr Konto nicht über'ziehen.

um-

a) 'umbauen   Das alte Haus wurde 'umgebaut.
b) um'bauen   Der Starnberger See ist jetzt völlig um'baut.

a) 'umfahren   Der Bus hat die Laterne 'umgefahren.
b) um'fahren   Das Auto um'fuhr das Hindernis.

a) 'umgehen   Geh nicht schlecht mit deinen Sachen 'um!
             Dieses Gerücht geht schon lange 'um.
b) um'gehen   Der gerissene Kaufmann hat das Gesetz um'gangen.

a) 'umpflanzen   Das Bäumchen wird 'umgepflanzt.
b) um'pflanzen   Der Rasen wird mit Rosen um'pflanzt.

a) 'umreißen   Die Fans rissen den Sänger fast 'um.
b) um'reißen   Der Dozent um'riß kurz die Aufgaben des Seminars.

a) 'umschreiben   Ich habe den Aufsatz 'umgeschrieben.
b) um'schreiben   Er hat seinen Plan kurz um'schrieben.

a) 'umstellen   Die Regale müssen 'umgestellt werden.
b) um'stellen   Die Polizei um'stellte das Haus.

9 – 5582

unter-

a) 'unterschieben   Man schob dem Verletzten eine Decke 'unter.
b) unter'schieben   Unter'schieben Sie mir keine schlechten Absichten!

a) 'unterstehen   Wir haben zwei Stunden 'untergestanden.
b) unter'stehen   Was unter'stehen Sie sich?

a) 'unterstellen   Wo haben Sie Ihren Wagen 'untergestellt?
b) unter'stellen   Der Beamte ist dem Minister unmittelbar unter'stellt.
                    Man hat ihm diese Absicht böswillig unter'stellt.

● **I. Fest und unfest**

1. *überlaufen:*

a) Die Milch ist schon wieder *übergelaufen*.

b) Ich bleibe hier; der Strand ist mir zu *überlaufen*.

c) Der Verräter ist zum Feind *übergelaufen*.

2. *übersehen:*

a) Entschuldigen Sie; ich hätte Sie fast ＿＿＿＿＿＿＿＿

b) Von hier aus ist es möglich, das ganze Gebiet ＿＿＿＿＿＿＿＿

c) Ich gehe immer wieder in den Rembrandt-Saal. Es ist gar nicht möglich, sich an diesen Bildern ＿＿＿＿＿＿＿＿

3. *überschütten:*

a) Sie gab beim Einschenken sehr acht, nicht ＿＿＿＿＿＿＿＿

b) Die Schauspieler wurden mit Beifall ＿＿＿＿＿＿＿＿

4. *übertreten:*

a) Welches Gesetz wird nicht einmal ＿＿＿＿＿＿＿＿!

b) Herr Becker soll zur CDU ＿＿＿＿＿＿＿＿ sein.

5. *überwerfen:*

a) Sie hatte sich nur einen leichten Mantel ＿＿＿＿＿＿＿＿

b) Wie kann man sich nur mit einem so gutmütigen Menschen ＿＿＿＿＿＿＿＿!

130

6. *durchbrechen:*

a) Die Soldaten haben die feindlichen Reihen _____

b) Der Stock ist _____

7. *durchdringen:*

a) Ist er mit seiner Forderung _____ ?

b) Sie war so _____ von ihrer Überzeugung, daß niemand sie aufhalten konnte.

8. *durchlaufen:*

a) Er hat seine Ausbildung schneller _____ als seine Kameraden.

b) Hier ist wieder Wasser _____

9. *durchschauen:*

a) Man hat den Trick schnell _____

b) Der Vorhang ist dicht, es ist nicht möglich _____

10. *umfahren:*

a) Bei dem Unglück wurde ein Verkehrsschild _____

b) Es gelang in letzter Minute, das Hindernis _____

11. *umschreiben:*

a) Der Bericht mußte _____ werden.

b) Der Lehrer bemühte sich, den unverständlichen Ausdruck deutlich

_____

12. *umreißen:*

a) Er hat seine Pläne nur kurz _____

b) Das Auto hat den Zaun _____

13. *unterstehen:*

a) Es regnete fürchterlich; wir haben eine Stunde _____

b) Die Polizei hat immer dem Innenministerium _____

c) Sie haben sich _____ , meine Anordnung zu mißachten?

II. gehen – fest oder unfest?

1. Ich bin noch nicht dazu gekommen, die Abrechnung *durchzugehen*.
2. Die Pferde sind scheu geworden und _____ (durch)
3. Der Verräter ist zum Feind _____ (über)
4. Es ist ungerecht, daß Sie bei der Beförderung _____ worden sind. (über)
5. Die Frau ist schmählich _____ worden. (hinter)
6. Fürchterlich wie du mit deinen Sachen _____ bist. (um)
7. Es wird immer wieder versucht, diese Vorschrift _____ (um)
8. Die unangenehmsten Fragen hat er geschickt _____ (um)
9. Es ist mir unbegreiflich, daß du so lange mit diesen Leuten _____ bist. (um)
10. Bei dem Sturm sind drei Schiffe _____ (unter)

III. legen – fest oder unfest?

1. Es ist möglich, daß die Straße hier *durchgelegt* wird.
2. Wenn Sie das Gerät leihen wollen, müssen 50,– DM _____ werden. (hinter)
3. Der Termin mußte _____ werden. (um)
4. Ich rate Ihnen, sich das noch einmal gut zu _____ (über)

IV. schlagen – fest oder unfest?

1. Die Familie hat sich bisher kümmerlich genug *durchgeschlagen*.
2. An dieser Stelle hat die Kugel die Wand _____ (durch)
3. Ich habe die Kosten nicht genau ausgerechnet, nur _____ (über)

4. Wir nehmen heute die Übung durch, die wir gestern ....

haben. (über)

5. Vor Aufregung hat sich ihre Stimme fast .... (über)

6. Warum ist seine Stimmung plötzlich .... ? (um)

7. Man weiß noch nicht, wieviel Geld .... worden ist. (unter)

8. Es ist unerhört, mir eine so wichtige Nachricht ....

(unter)

9. Sie haben zwei Seiten auf einmal .... (um)

V. setzen – fest oder unfest?

1. Du hast dich wieder nicht *durchgesetzt.*

2. Die Untergrundbewegung war schon bald mit Agenten ....

(durch)

3. Die Firma hat im vergangenen Jahr für über 100 Millionen Waren

.... (um)

4. Wir sind bei Hameln .... (über)

5. Es ist kaum möglich, diese Redewendung .... (über)

6. Das Dach ist undicht; wir haben einen Eimer .... (unter)

VI. stellen – fest oder unfest?

1. Das Telefon kann vom Büro in die Privatwohnung *durchgestellt* werden.

2. Die Verhältnisse sind heute anders, wir haben uns .... (um)

3. Warum haben Sie die Möbel schon wieder .... ? (um)

4. Es gelang den Soldaten, die Stadt .... (um)

5. Wo haben Sie Ihr Auto .... ? (unter)

6. Ich verbitte es mir, mir eine solche Absicht .... (unter)

7. Der Beamte ist dem Minister unmittelbar .... (unter)

● **VII. ziehen – fest oder unfest?**

1. Der Verhaftete wurde einem eingehenden Verhör *unterzogen*.
2. Die Truppen sind hier nur _____ (durch)
3. Seine Stirn war von vielen Falten _____ (durch)
4. Man hat versucht, mir meinen Anteil am Gewinn _____
   (hinter)
5. Ein Bankkonto kann heute ruhig _____ werden. (über)
6. Ganz plötzlich hat sich der Himmel mit Wolken _____
   (über)
7. Es ist kalt, und du hast nicht einmal einen leichten Mantel _____
   _____ (über)
8. Ich danke Ihnen für die große Mühe, der Sie sich _____
   haben. (unter)

Lösungen

I: 2a übersehen, 2b zu übersehen, 2c überzusehen, 3a überzuschütten, 3b über-
     schüttet, 4a übertreten, 4b übergetreten, 5a übergeworfen, 5b zu überwerfen,
     6a durchbrochen, 6b durchgebrochen, 7a durchgedrungen, 7b durchdrungen,
     8a durchlaufen, 8b durchgelaufen, 9a durchschaut, 9b durchzuschauen, 10a um-
     gefahren, 10b zu umfahren, 11a umgeschrieben, 11b zu umschreiben, 12a um-
     rissen, 12b umgerissen, 13a untergestanden, 13b unterstanden, 13c unter-
     standen
II: 2 durchgegangen, 3 übergegangen, 4 übergangen, 5 hintergangen, 6 umgegangen,
     7 zu umgehen, 8 umgangen, 9 umgegangen, 10 untergegangen
III: 2 hinterlegt, 3 umgelegt, 4 zu überlegen
IV: durchschlagen, 3 überschlagen, 4 überschlagen, 5 überschlagen, 6 umgeschlagen,
     7 unterschlagen, 8 zu unterschlagen, 9 umgeschlagen.
V: 2 durchsetzt, 3 umgesetzt, 4 übergesetzt, 5 zu übersetzen, 6 untergesetzt
VI: 2 umgestellt, 3 umgestellt, 4 zu umstellen, 5 untergestellt, 6 zu unterstellen, 7 un-
     terstellt
VII: 2 durchgezogen, 3 durchzogen, 4 zu hinterziehen, 5 überzogen, 6 überzogen,
     7 übergezogen, 8 unterzogen

Idiomatik

Redewendungen

I. Setzen Sie Farben ein:

a) blau, b) grün, c) rosa, d) rot, e) schwarz, f) weiß

1. Ich bin noch einmal *mit einem blauen Auge davongekommen*. (mit einem relativ kleinen Verlust oder Schaden)

2. Damit haben Sie ins _____ *getroffen*. (genau das Richtige)

3. Diese Frage darf nicht *vom* _____ *Tisch* entschieden werden. (ohne Rücksicht auf die Praxis)

4. Widersprich lieber nicht! Der Mann *ist* ja _____ (betrunken)

5. Sie dürfen nicht so _____ in die Zukunft *sehen*. (pessimistisch)

6. Erstes Gebot für einen Politiker: *eine* _____ *Weste*. (eine untadelige Vergangenheit)

7. Hoffentlich *kommen* wir bald *auf einen* _____ *Zweig*. (haben wir Erfolg)

8. Wenn ich an die Person nur denke, *sehe* ich schon _____ (werde ich zornig)

9. Wollen Sie heute auch einmal _____ *machen?* (nicht arbeiten)

10. Widerspruch wirkt auf ihn *wie ein* _____ *Tuch*. (aufreizend)

11. Sie dürfen nicht alles durch *eine* _____ *Brille* sehen. (für besser halten, als es ist)

12. Ich weiß gar nicht, warum Alfred mir nicht _____ *ist*. (wohlgesinnt)

13. Jetzt haben wir .... *Licht* für die Reform. (wir können anfangen)

14. Lassen Sie sich keinen .... *Dunst* vormachen! (täuschen)

15. Sie versucht immer einem andern *den* .... *Peter zuzuschieben.* (für eine unangenehme Entscheidung verantwortlich machen)

16. Aber so einfach *ins* .... *hinein* kannst du doch nicht anfangen. (ohne festen Plan)

17. Sonntag wollen wir *eine Fahrt ins* .... machen. (ohne festes Ziel)

18. Das Geld gehört mir, das habe ich *schwarz auf* .... (schriftlich)

19. Heute ist der Schriftsteller fast vergessen; vor ein paar Jahren wurde er noch *über den* .... *Klee gelobt.* (sehr gepriesen)

20. Deine Geschwister waren artig. Du warst wieder einmal *das* .... *Schaf.* (als einziger warst du unartig)

21. Die Rede war interessant, aber ich vermißte *den* .... *Faden.* (den inneren Zusammenhang)

22. Egon gibt nur an. In Wirklichkeit hat er keinen .... Heller. (gar kein Geld)

23. Der Bursche lügt ja *das* .... *vom Himmel herunter.* (sehr)

24. Sie werden noch Ihr .... *Wunder erleben,* wenn Sie so weitermachen. (eine unangenehme Überraschung)

25. Ach was, das ist doch *dasselbe in* .... (das gleiche in anderer Aufmachung)

II. Körperteile. Setzen Sie ein:

a) e Ader   e) s Gehirn   i) e Haut   m) r Rücken
b) s Auge   f) s Gelenk   j) r Kopf   n) e Rippe
c) r Bart   g) r Hals   k) e Nase   o) e Zehe
d) s Bein   h) s Haupt   l) r Nerv   p) r Zahn
    q) e Zunge

1. Der Teil, auf dem eine Lampe steht, ist der Lampen*fuß*.

2. Ich will noch diesen Kohl_____ mitnehmen.

3. Der Heizkörper ist klein, er hat zu wenig _____

4. Das Dörfchen liegt auf einer Land_____, die weit ins Meer hinausragt.

5. Der Tisch wackelt; ein _____ ist zu kurz.

6. Was machen wir jetzt? Der Schlüssel_____ ist abgebrochen.

7. Es sieht nach Regen aus. Nimm die Regen_____ mit!

8. Die Kugel_____ müssen geschmiert werden.

9. Du kannst die Kirche noch nicht sehen. Sie liegt hinter der Fels_____

10. Der ganze Rasen ist wieder voller Löwen_____

11. Bring doch bitte auch eine Knoblauch_____ mit!

12. Ein König ist meist nur noch dem Namen nach das Ober_____ seines Landes.

13. Die Kartoffel_____ müssen sauber herausgeschnitten werden.

14. Es wird nicht lange dauern, und man wird auch im Haushalt Elektronen-_____ einsetzen.

15. Der Mann wurde bei einer Prügelei durch einen abgebrochenen Flaschen-_____ schwer verletzt.

16. Straßen, Schienen und Wasserwege nennt man die Verkehrs_____ des Landes.

17. Messer haben eine Schneide und einen _____

18. Durch die Importsperre wird der Handel in seinem Lebens_____ getroffen.

137

III. Der „Kopf" muß mancherlei aushalten. Was bedeutet das?

1. *Ich zerbreche mir den Kopf,* aber ich finde keine Lösung.
2. Den Kopf in den Sand stecken hilft auch nichts.
3. Ich weiß nicht, wo mir der Kopf steht.
4. Schlag dir das aus dem Kopf!
5. Dir muß ich einmal tüchtig den Kopf waschen.
6. Es ist mir noch einmal gelungen, den Kopf aus der Schlinge zu ziehen.
7. Da schlug ich die Hände über dem Kopf zusammen.
8. Der Erfolg ist dir zu Kopf gestiegen.
9. Jetzt heißt es den Kopf oben behalten.
10. Mußt du denn alle Leute vor den Kopf stoßen?
11. Das muß ich mir noch einmal durch den Kopf gehen lassen.
12. Warum denn immer mit dem Kopf durch die Wand?

a) ich war entsetzt

b) *ich denke angestrengt nach*

c) ich habe die Übersicht verloren

d) ich muß es in Ruhe überlegen

e) ich bin ohne Schaden davon gekommen

f) ich muß dich zurechtweisen

g) gib den Plan auf!

h) warum immer gewaltsam?

i) mußt du alle Leute beleidigen?

j) man muß der Gefahr ins Auge sehen

k) du bist eitel geworden

l) du darfst den Mut nicht verlieren

● **IV. Kleidungsstücke. Setzen Sie ein:**

a) r Ärmel

b) r Gürtel

c) e Haube

d) s Hemd

e) e Kappe

f) r Knopf

g) r Kragen

h) r Samthandschuh

i) r Schlips

j) r Schuh

k) e Schürze

l) e Socke

m) e Sohle

n) e Tasche

o) e Wäsche

1. Jetzt platzt mir aber bald der *Kragen* (meine Geduld ist zu Ende)

2. Das Geld reicht nicht; wir müssen den ＿＿＿＿＿ enger schnallen. (uns einschränken)

3. Sagen Sie mir doch, wo Sie der ＿＿＿＿＿ drückt. (welche Schwierigkeiten Sie haben)

4. Diesen rohen Burschen können Sie nicht mit ....

anfassen. (sanft und vorsichtig behandeln)

5. Das ist doch kein Konkurrent für Sie. Den können Sie doch zehnmal in

die .... stecken. (Sie sind überlegen)

6. Du kannst doch nicht ewig an Mutters .... hängen. (abhängig

bleiben)

7. Es gehört sich nicht, in der Öffentlichkeit, seine schmutzige ....

zu waschen. (private Streitigkeiten bekannt zu machen)

8. Peter ist nicht zu trauen, der wechselt seine Überzeugungen wie sein

.... (er ist opportunistisch)

9. Ich kann das Geld doch nicht aus dem .... schütteln. (herbei-

zaubern)

10. Jetzt müssen wir uns aber auf die .... machen. (aufbrechen)

11. Ich weiß auch nicht, was wir tun sollen. Zählen wir doch an den ....

.... ab. (die Entscheidung dem Zufall überlassen)

12. Paula hat keine Eile, unter die .... zu kommen. (zu heiraten)

13. Der Vorgesetzte nahm den Irrtum auf die eigene .... (über-

nahm die Verantwortung)

14. Ich habe mir die .... abgelaufen, aber ich konnte die Marke

nicht mehr bekommen. (viel herumlaufen)

15. Georg fühlt sich leicht auf den .... getreten. (ist leicht beleidigt)

V. Ist die Redewendung ein Bild aus:

a) Handwerk, b) Technik, c) Sport?

1. Wenn der Pfarrer nur nicht immer *den Faden verlöre!* (vom Thema ab-
schweifen)
2. Man darf nicht alles *über einen Leisten schlagen.* (Ungleichartiges nicht
gleich behandeln oder beurteilen)
3. Lassen Sie sich nicht *einseifen!* (betrügen)

4. Es kommt alles darauf an, *am Ball* zu *bleiben.* (die Initiative nicht verlieren)
5. Du lieber Himmel, hast du *einen langen Draht!* (langsam denken)
6. Da wären wir noch einmal glücklich *über die Runden gekommen!* (eine Angelegenheit mühsam, aber ohne Mißerfolg beenden)
7. Natürlich! Das war wieder einmal *Wasser auf seine Mühle.* (eine Meinung oder ein Vorurteil bestätigt bekommen)
8. Es kommt alles darauf an, *die Weichen richtig zu stellen.* (etwas in die gewünschte Richtung bringen)
9. Die Verhandlungen sind *aufs falsche Gleis geraten.* (eine verkehrte Richtung einschlagen)
10. Nur nichts *übers Knie brechen!* (vorschnell entscheiden)
11. Erich ist ausgezeichnet *beschlagen in seinem Fach.* (gut Bescheid wissen)
12. Aha, *der Groschen ist gefallen!* (etwas mit einiger Verspätung verstehen)
13. Bei denen ist wohl *eine Schraube locker.* (nicht ganz bei Verstand sein)
14. Lassen Sie sich nichts *am Zeug flicken!* (beschuldigen oder herabsetzen)
15. Wir müssen *alle Hebel in Bewegung setzen,* um zu einem Vertrag zu kommen. (alle Beziehungen nützen)
16. Man muß *mehrere Eisen im Feuer haben.* (sich nicht nur auf eine Chance verlassen)
17. Mit ihren Kollegen hat sie leider keinen *guten Kontakt.*
18. Die ersten *Hürden wären genommen.* Jetzt wollen wir weitersehen. (Schwierigkeiten überwinden)

● **VI. Wörtlich genommen**

Ein Mann ging durch den *Blätterwald* über die *Eselsbrücke* in den Zoo, um den neuen *Salonlöwen* anzuschauen. Auch neue *Zier- und Modeaffen* saßen im Gehege. Daneben zankten sich die *Streit- und Neidhammel,* so daß der kleine *Angsthase* sich ängstlich verkroch. – Die *Lese-, Land-* und *Wasserratten* lebten friedlich miteinander. Auch der *Windhund* und die *Schmeichelkatze* hatten sich angefreundet. Auf einem Baum saß ein *Schmierfink;* er hatte gerade einen *Bücherwurm* gefangen und lachte die *Pechvögel* aus. – Der *Amtsschimmel* sprang munter mit den *Steckenpferden* herum. – Nachdem der Mann sich noch den *Hausdrachen* und das *Mondkalb* angesehen hatte, ging er über den *Holzweg* in ein Wirtshaus und bestellte sich dort zuerst ein Stück *Zeitungsente* mit *jungem Gemüse,* dann eine *Extrawurst* mit *Glückspilzen,* einen *Backfisch* mit *Gnadenbrot* und zum Abschluß

Teufelsbraten mit *blauen Bohnen.* – So gestärkt ging er nach Hause, fütterte den *Kuckuck,* der auf dem Fernsehapparat saß, zog die *schwedischen Gardinen* vor, setzte die *Schlafmütze* auf und kroch unter seinen *Faulpelz.*

VII. Hier die Erklärung:

Wer auf Parties immer der Erste ist,	ist ein Salonlöwe,
wer sich übertrieben modisch kleidet,	ein Zieraffe, ein Modeaffe,
wer ständig Streit sucht,	ein Streithammel,
wer immer neidisch ist,	ein Neidhammel,
wer sehr ängstlich ist,	ein Angsthase,
wer sehr viel liest,	eine Leseratte,
wer gern schwimmt,	eine Wasserratte,
wer kein Seemann ist,	eine Landratte,
wer charakterlos handelt,	ein Windhund,
wer viel schmeichelt,	eine Schmeichelkatze,
wer sehr unsauber ist,	ein Schmutzfink,
wer nur mit Büchern lebt,	ein Bücherwurm,
wer viel Unglück hat,	ein Pechvogel,
wer viel Glück hat,	ein Glückspilz,
wer ein vierzehnjähriges Mädchen ist,	ein Backfisch,
wer gar zu dumm ist,	ein Mondkalb,
wer als Kind seine Umwelt viel ärgert,	ein Teufelsbraten,
wer auch bei Tage schläft,	eine Schlafmütze,
wer die Arbeit haßt,	ein Faulpelz.

Die Gesamtheit der Zeitungen nennt man auch den	Blätterwald.
Ist ein Dummer in Verlegenheit, baue ich ihm eine	Eselsbrücke.
Gehe ich auf einem falschem Weg, so bin ich auf dem	Holzweg.
Will ich eine Ausnahme machen, so brate ich mir eine	Extrawurst.
Die Bürokratie hat Zeit, ganz langsam trottet der	Amtsschimmel.
Hast du ein Hobby? Reitest du ein	Steckenpferd?
Die Zeitungsmeldung war falsch! Es war eine	Ente.
Ältere nennen Teenager gern	junges Gemüse.
Alte Pferde und alte Hunde bekommen das	Gnadenbrot.
Gewehrkugeln nennt der Gangster	blaue Bohnen.
Der Gerichtsvollzieher klebt auf Wertsachen einen	Kuckuck (Stempelmarke).
Wer im Gefängnis sitzt, sitzt hinter	schwedischen Gardinen.

VIII. Sprichwörter

A. *Hier fehlt die Fortsetzung:*

1. Doppelt gibt, *wer schnell gibt.*

2. Gelegenheit _____

3. Die Kleinen hängt man, _____

4. Der Weg zur Hölle ist _____

5. Eine blinde Henne _____

6. Ende gut, _____

7. Gleich und gleich _____

8. Wer ernten will, _____

9. Voller Bauch _____

10. Böse Beispiele _____

a) alles gut
b) verderben gute Sitten
c) gesellt sich gern

d) mit guten Vorsätzen
   gepflastert
e) findet auch ein Korn
f) macht Diebe

g) studiert nicht gern
h) die Großen läßt man
   laufen
i) muß säen.

B. *Die folgenden Sprichwörter sind durcheinander geraten. Wie müssen sie richtig heißen?*

1. a) *Schlafende Hunde* (beißen nicht).
   b) Kinder und Narren *(soll man nicht wecken).*
   c) Hunde, die bellen, (sagen die Wahrheit).

2. a) Mit großen Herren (ist kein Ding unmöglich).
   b) Bei Gott (ist gut ruhn).
   c) Nach getaner Arbeit (ist nicht gut Kirschen essen).

3. a) Was ein Häkchen werden will, (dem ist auch nicht zu helfen).
   b) Wem nicht zu raten ist, (der mahlt zuerst).
   c) Wer zuerst kommt, (krümmt sich beizeiten).

4. a) Wohltun (höhlt den Stein).
   b) Steter Tropfen (ist niemands Freund).
   c) Jedermanns Freund (trägt Zinsen).

5. a) Neue Besen (verderben den Brei).
   b) Viele Köche (haben kurze Beine).
   c) Lügen (kehren gut).

6. a) Wo Rauch ist, (freut sich der Dritte).
   b) Wenn zwei sich zanken, (wird mit Wasser gekocht).
   c) Überall (muß auch Feuer sein).

IX. Was bedeutet:

1. einen groben Bock schießen
   a) großen Erfolg haben
   b) vorwärtskommen
   c) *einen schweren Fehler machen*

2. sich kein Bein ausreißen
   a) ruhig bleiben
   b) sich keine große Mühe geben
   c) sich nicht verletzen

3. etw. oder jmd. zum Fressen finden
   a) nicht ausstehen können
   b) sehr hübsch finden
   c) sehr hungrig sein

4. jmd. den Kopf waschen
   a) energisch tadeln
   b) ermutigen
   c) etwas erklären

5. sich die Hörner ablaufen
   a) eigene Erfahrungen machen
   b) besiegt werden
   c) sich sehr beeilen

6. jmd. in den Arm fallen
   a) umarmen
   b) hindern
   c) ohnmächtig werden

7. Fersengeld geben
   a) mit Falschgeld bezahlen
   b) sich umdrehen
   c) fliehen

8. Schmalhans zum Küchenmeister haben
   a) kein Geld haben
   b) wenig zu essen haben
   c) kochen lernen

9. jmd. auf den Arm nehmen

    a) necken
    b) tragen
    c) helfen

10. die Füße in die Hand nehmen

    a) ungeschickt sein
    b) sich beeilen
    c) auf der Erde kriechen

11. in Harnisch geraten

    a) sich bewaffnen
    b) zornig werden
    c) um Hilfe bitten

12. sich nach der Decke strecken

    a) mit dem Vorhandenen zufrieden sein
    b) sich größer machen
    c) etwas aufheben

13. Rosinen im Kopf haben

    a) irrsinnig sein
    b) dumm sein
    c) eingebildet sein

14. sich ins Zeug legen

    a) hart arbeiten
    b) ins Bett gehen
    c) unterbrechen

15. Haare auf den Zähnen haben

    a) sehr unfreundlich antworten
    b) häßlich aussehen
    c) krank sein

16. Maulaffen feilhalten

    a) untätig dabeistehen
    b) etwas verkaufen
    c) eine Ohrfeige geben

● **X. Was bedeutet:**

1. in der Kreide sein

    a) *Schulden haben*
    b) bleich sein
    c) zur Schule gehen

2. unter dem Pantoffel stehen

    a) von seiner Frau beherrscht werden
    b) Schuhe verkaufen
    c) Unglück haben

3. auf großem Fuß leben

    a) eine hohe Schuhnummer haben
    b) gefährlich leben
    c) luxuriös leben

4. die Katze aus dem Sack lassen
    a) jemand quälen
    b) eine Katze ertränken
    c) eine Geheimnis mitteilen

5. wissen, wie der Hase läuft
    a) ein guter Jäger sein
    b) Bescheid wissen
    c) furchtsam sein

6. nicht viel Federlesens machen
    a) keine Umstände machen
    b) nachlässig sein
    c) keine Briefe schreiben

7. in die Grube fahren
    a) ein Bergwerk haben
    b) sterben
    c) einen Autounfall haben

8. unter die Räder kommen
    a) zugrunde gehen
    b) fallen
    c) einer Sache auf den Grund gehen

9. nicht das Pulver erfunden haben
    a) Pazifist sein
    b) dumm sein
    c) Apotheker sein

10. die Hand im Spiel haben
    a) heimlich beteiligt sein
    b) konkurrieren
    c) sich verbrennen

11. ein Haar in der Suppe finden
    a) angeekelt sein
    b) einen Fehler finden
    c) sehr aufmerksam sein

12. Stielaugen machen
    a) gierig oder neugierig blicken
    b) zudringlich sein
    c) die Augen aufreißen

13. kalte Füße bekommen
    a) frieren
    b) Angst bekommen
    c) lange stehen

14. jemand auf den Fuß treten
    a) beleidigen
    b) hindern
    c) betrügen

15. klein beigeben
    a) Trinkgeld geben
    b) Geld wechseln
    c) nachgeben

10 – 5582

XI. Es steht schlecht.

1. Er hat *einen Korb bekommen*.
2. Wir müssen schon in den sauren Apfel beißen.
3. Er hat den Kürzeren gezogen.
4. An dem Jungen ist Hopfen und Malz verloren.
5. Wir sitzen völlig auf dem Trockenen.
6. Uns steht das Wasser bis zum Hals.
7. Er hat sie links liegen lassen.
8. Jetzt hat er sich doch wieder übers Ohr hauen lassen.
9. Wir sitzen wie auf glühenden Kohlen.
10. Der führt nichts Gutes im Schilde.
11. Bei dem Geschäft haben wir Federn gelassen.

a) er hat böse Absichten
b) er hat sie nicht beachtet
c) *er hat eine Absage erhalten*
d) er hat sich betrügen lassen
e) er hat verloren

f) er ist ein hoffnungsloser Fall
g) wir haben kein Geld
h) wir haben Verluste gehabt
i) wir haben hohe Schulden
j) wir müssen das Unangenehme tun
k) wir haben es sehr eilig

XII. Es steht gut.

1. Es hat lange gedauert, bis Else *auf einen grünen Zweig gekommen* ist.
2. Alles ist im Lot.
3. Wenn unsere Partei ans Ruder kommt, wird sich vieles ändern.
4. Damit haben Sie den Nagel auf den Kopf getroffen.
5. Jetzt geht ihr ein Licht auf.
6. Die Schülerin schüttelt die Antworten nur so aus dem Ärmel.
7. Sie haben den Vogel abgeschossen.
8. Deine Schwester wird schon für dich in die Bresche springen.
9. Jetzt sitzen Sie fest im Sattel.
10. Die Familie unter einen Hut zu bringen, ist schon eine Leistung.

a) es ist in Ordnung
b) *sie hat Erfolg*
c) sie übernimmt die Leitung
d) sie versteht es plötzlich
e) sie tut es ohne Mühe

f) sie wird für dich eintreten
g) Sie haben eine sichere Stellung
h) Sie haben genau das Richtige getroffen
i) Sie sind der Beste
j) jetzt sind alle einer Meinung

XIII. Geben Sie acht!

1. *Spitzen Sie die Ohren!*
2. Haben Sie den Braten immer noch nicht gerochen?
3. Lassen Sie doch die Kirche im Dorf!
4. Wenn Sie das an die große Glocke hängen, war alles vergebens.
5. Lassen Sie sich keinen Sand in die Augen streuen!
6. Bitte nichts übers Knie brechen!
7. Sie dürfen den Bogen nicht überspannen.
8. Schieben Sie die Sache nicht auf die lange Bank!

a) Übereilen Sie nichts!

b) Wenn Sie das bekannt machen!

c) Lassen Sie sich nicht täuschen!

d) *Hören Sie gut zu!*

e) Verlangen Sie nicht zu viel!

f) Haben Sie nicht Verdacht geschöpft?

g) Vertagen Sie es nicht ins Unbestimmte!

h) Übertreiben Sie nicht!

XIV. Auch Schimpfen will gelernt sein.

A. *Vergleiche mit Tieren:*

1. *Du Papagei!*
2. Du Bock!
3. Du Stockfisch!
4. Du Hasenfuß!
5. Du Windhund!
6. Du Pfau!
7. Du Schlange!
8. Du Schnecke!
9. Du Elefant!
10. Du Esel!
11. Du Schwein!
12. Du Hund!

a) du bist dumm

b) *du redest alles nach*

c) du bist zu steif

d) du bist zu eitel

e) du bist gemein

f) du bist eigensinnig

g) du bist schmutzig

h) du bist schwerfällig

i) du bist zu langsam

j) du bist falsch

k) du bist zu ängstlich

l) du bist unzuverlässig

B. *Andere Vergleiche:*

1. *Du Drückeberger!*
2. Du Faselhans!
3. Du Meckerer!
4. Du Waschlappen!
5. Du Großmaul!
6. Du Klatschbase!

7. Du Knicker!
8. Du Vogelscheuche!
9. Du Nassauer!
10. Du Schussel!
11. Du Lump!

12. Du Sauertopf!
13. Du Vielfraß!
14. Du Wetterfahne!
15. Du Heulsuse!

a) du sprichst zu viel über andere
b) du bist immer schlechter Laune
c) du ißt zu viel
d) du bist gemein
e) du lebst auf anderer Leute Kosten
f) du weinst zu viel
g) du kritisierst zu viel
h) du prahlst zu viel

i) du bist unzuverlässig
j) du hast keine Energie
k) du redest dummes Zeug
l) du siehst fürchterlich aus
m) du bist unaufmerksam
n) *du weichst deinen Verpflichtungen aus*
o) du bist geizig

Lösungen

I: 2e, 3b, 4a, 6f, 7b, 8d, 9a, 10d, 11c, 12b, 13b, 14a, 15e, 16a, 17a, 18f, 19b, 20e, 21d, 22d, 23a, 24a, 25a

II: 2j, 3n, 4q, 5d, 6c, 7i, 8f, 9k, 10p, 11o, 12h, 13b, 14e, 15g, 16a, 17m, 18l

III: 2j, 3c, 4g, 5f, 6e, 7a, 8k, 9l, 10i, 11d, 12h

IV: 2b, 3j, 4h, 5n, 6k, 7o, 8d, 9a, 10l, 11f, 12c, 13e, 14m, 15i

V: 2a, 3a, 4a, 5c, 6b, 7a, 8b, 9b, 10a, 11a, 12b, 13b, 14a, 15b, 16a, 17b, 18c

VIII A: 2f, 3h, 4d, 5e, 6a, 7c, 8i, 9g, 10b

      B: 1b(c), 1c(a), 2a(c), 2b(a), 2c(b), 3a(c), 3b(a), 3c(b), 4a(c), 4b(a), 4c(b), 5a(c), 5b(a), 5c(a), 6a(b), 6b(c), 6c(a)

IX: 2b, 3b, 4a, 5a, 6b, 7c, 8b, 9a, 10b, 11b, 12a, 13c, 14a, 15a, 16a

X: 2a, 3c, 4c, 5b, 6a, 7b, 8a, 9b, 10a, 11b, 12a, 13b, 14a, 15c

XI: 2j, 3e, 4f, 5g, 6i, 7d, 8d, 9k, 10a, 11h

XII: 2a, 3c, 4h, 5d, 6e, 7i, 8f, 9g, 10j

XIII: 2f, 3h, 4b, 5c, 6a, 7e, 8g

XIV A: 2f, 3c, 4k, 5l, 6d, 7j, 8i, 9h, 10a, 11g, 12e

      B: 2k, 3g, 4j, 5h, 6a, 7o, 8l, 9e, 10m, 11d, 12b, 13c, 14i, 15f

Stilebenen

I. Drücken Sie sich neutral aus:

a) = gehoben
b) = neutral
c) = umgangssprachlich
d) = grob (vulgär)

1. a) Er war aller Mittel entblößt.
   b) *Er hatte kein Geld.*
   c) Er saß völlig auf dem trocknen.
   d) Er war pleite.

2. a) Das ist ein törichter Plan.
   b) ....
   c) Der Plan hat weder Hand noch Fuß.
   d) Der Plan ist blöde.

3. a) Prägen Sie sich das ein!
   b) ....
   c) Schreib dir das hinter die Ohren!
   d) Hämmere dir das in den Schädel!

4. a) Sie entfernte sich schnell.
   b) ....
   c) Sie nahm die Beine in die Hand.
   d) Sie haute ab wie der Blitz.

5. a) Sein Geist ist umnachtet.
   b) ....
   c) Er hat seine fünf Sinne nicht beisammen.
   d) Er ist übergeschnappt.

6. a) Schweig!
   b) ....
   c) Halt den Mund!
   d) Halt's Maul!

7. a) Er ist dem Alkohol verfallen.
   b) ....
   c) Er gießt zu gerne einen hinter die Binde.
   d) Er säuft.

149

8. a) Sie hat Geld entwendet.

    b) ....

        c) Sie hat lange Finger gemacht.

          d) Sie hat geklaut.

9. a) Warum haben Sie ihn zurechtgewiesen?

    b) ....

        c) Warum haben Sie ihm den Kopf gewaschen?

          d) Warum haben Sie ihn heruntergeputzt?

● **II. Ergänzen Sie den neutralen Ausdruck:**

gehoben	*neutral*	*umgangssprachlich*
1. armselig	*dürftig*	miserabel
2. makellos	....	tipptopp
3. störrisch	....	bockig
4. ermattet	....	erschossen
5. kühn	....	forsch
6. hurtig	....	fix
7. marklos	....	pflaumenweich
8. heimgegangen	....	abgekratzt
9. heikel	....	mulmig
10. einfältig	....	doof
11. schlüpfrig	....	glitschig
12. dünkelhaft	....	hochnäsig
13. gekränkt	....	eingeschnappt

a) beleidigt	d) eingebildet	g) mutig	j) schwach
b) dumm	e) fehlerlos	h) müde	k) schwierig
c) eigensinnig	f) glatt	i) schnell	l) tot

150

III. Ergänzen Sie den neutralen Ausdruck:

1. s Gemach — *s Zimmer* — e Bude
2. e Fehde — .... — r Krach
3. s Antlitz — .... — e Visage
4. s Haupt — .... — e Birne
5. s Roß — .... — r Gaul
6. r Backenstreich — .... — e Watsche
7. r Winkelzug — .... — r Kniff
8. Geistesgaben — .... — s Köpfchen
9. r Tor — .... — r Dussel
10. s Ungemach — .... — s Pech
11. r Odem — .... — e Puste

a) r Atem	d) e Intelligenz	g) s Pferd	j) s Unglück
b) r Dummkopf	e) r Kopf	h) r Streit	
c) s Gesicht	f) e Ohrfeige	i) r Trick	

IV. Ergänzen Sie den neutralen Ausdruck:

1. bersten — *platzen* — zerknallen
2. memorieren — .... — pauken
3. zaudern — .... — drucksen
4. empfangen — .... — kriegen
5. einbüßen — .... — loswerden
6. entschlafen — .... — abkratzen
7. veräußern — .... — versilbern
8. schmauchen — .... — paffen
9. anheben — .... — losgehen
10. erfassen — .... — kapieren
11. sich brüsten — .... — angeben

12. verstimmen   ....   hochbringen

13. ahnden   ....   heimzahlen

14. züchtigen   ....   versohlen

15. speisen   ....   futtern

a) ärgern	e) essen	i) sterben	l) verprügeln
b) beginnen	f) prahlen	j) verkaufen	m) verstehen
c) bekommen	g) rächen	k) verlieren	n) zögern
d) einüben	h) rauchen		

● **V. Ergänzen Sie den neutralen Ausdruck:**

1. vergeuden   *verschwenden*   verpulvern

2. borgen   ....   pumpen

3. rühmen   ....   herausstreichen

4. bestatten   ....   verscharren

5. peinigen   ....   piesacken

6. schmunzeln   ....   grinsen

7. schreiten   ....   latschen

8. entfallen   ....   verschwitzen

9. pochen   ....   bumsen

10. schlummern   ....   pennen

11. entwenden   ....   planen

a) begraben	d) lächeln	g) quälen	j) vergessen
b) gehen	e) leihen	h) schlafen	
c) klopfen	f) loben	i) stehlen	

VI. Tante Anna schätzt die gehobene Sprechweise.

Tante Anna sagt: *Ihre Nichten und Neffen antworten:*

1. Wollt ihr mit mir *speisen?*   Ja, wir wollen gern mit dir *essen.*

2. *Schmerzt* dich dein Zahn noch?   Nein, er .... nicht
   mehr ....

3. Habt ihr gehört, daß Frau Grün   Nein, wann ist sie denn ....
   verschieden ist?
                                           ....

4. Eine Tasse Kaffee wird euch   Ja, die wird uns wieder ....
   erquicken.
                                           ....

5. Ich will gern mein *Scherflein*   Wir wußten ja, daß du etwas ....
   beisteuern.
                                           .... wirst.

6. Muß dieses *Ungemach* gerade   Jeder kann einmal ....
   mich *heimsuchen!*
                                           ....

7. Wie konnte man nur diesen Mann   Wen sollte man denn sonst ....
   entsenden!
                                           ....?

8. Wochenlang habe ich eurer *ge-*   Wir lassen dich nicht mehr so lange
   harrt.   auf uns ....

9. Dem Herrn Pfarrer ist eine gol-   Man wird kaum herausfinden, wer sie
   dene Uhr *entwendet* worden.   .... hat.

10. Ich muß einfach nach Tisch   Natürlich mußt du dich etwas ....
    der Ruhe pflegen.
                                           ....

11. Kann denn niemand den Kin-   Wir können ihnen doch nicht alles
    dern den Lärm *untersagen?*   alles ....

12. Ich muß meine *Räume* renovie-   Deine .... haben es
    ren lassen.   aber auch nötig.

a) ausruhen   d) schicken   g) stiften   j) weh tun
b) munter machen   e) stehlen   h) verbieten   k) Zimmer
c) Pech haben   f) sterben   i) warten

VII. Peter gebraucht gern Ausdrücke der Umgangs- und Vulgärsprache.

Peter sagt:	*Paul mag das nicht, er sagt:*
1. *Schmeiß* doch die alten *Klamotten* weg!	*Wirf* doch die alten *Kleider* weg!
2. Was ist das für ein *Mief* hier!	Was ist das für ein .... hier!
3. Paß auf, daß man dir nicht dein Rad *klaut!*	Paß auf, daß man dir nicht dein Rad ....
4. Was will der *Olle* denn da?	Was will der .... denn da?
5. War der *Pauker* wieder nicht zufrieden?	War der .... wieder nicht zufrieden?
6. Der Mann ist ja *besoffen.*	Der Mann ist ja ....
7. Da hast du aber *Dusel* gehabt!	Da hast du aber .... gehabt!
8. *Quatsch* doch nicht so!	.... doch keinen ....
9. Der Film war *Mist.*	Der Film war ....
10. Das ganze Geld ist *futsch.*	Das ganze Geld ist ....
11. Ich war nur ein bißchen *eingedusselt.*	Ich war nur ein bißchen ....
12. Warum bist du so *giftig* heute?	Warum bist du heute so .... ?
13. Die *Klaue* kann ich nicht lesen.	Die .... kann ich nicht lesen.
14. Das ist wirklich eine *Kateridee.*	Das ist wirklich ein ....
15. Wenn du weiter so *murkst,* wirst du nie fertig.	Wenn du weiter so .... , wirst du nie fertig.

a) alter Mann/Herr	e) gereizt	i) Lehrer	l) stehlen
b) betrunken	f) Gestank	j) planlos arbeiten	m) Unsinn reden
c) dummer Einfall	g) Glück	k) schlecht	n) weg
d) einschlafen	h) Handschrift		

VIII. Setzen Sie die umgangssprachlichen Ausdrücke in die neutrale Form:

1. *Meckere/kritisiere* nicht so viel!

2. Warst du nicht *platt/*_____, als du das hörtest?

3. Hat dein Plan *geklappt?/*Ist dein Plan _____?

4. Ist dir etwas *schiefgegangen/*_____?

5. In den *Klamotten/*_____ kannst du doch nicht ins Theater gehen.

6. Das hast du aber großartig *hingekriegt/*_____

7. Laß dich nicht *einseifen/*_____

8. Hast du das *kapiert/*_____?

9. Hast du genug *Moneten/*_____ um dir ein Auto zu kaufen?

10. Jetzt *halt* aber mal die *Klappe/*_____

11. Jetzt *hau* aber endlich *ab/*_____

a) e Kleidung   c) erstaunt   e) s Geld   g) machen   i) still sein
b) betrügen   d) gehen   f) gelingen   h) mißlingen   j) verstehen

IX. Die Ausdrücke des gehobenen Stils passen hier nicht; verbessern Sie sie:

1. *Mundet/schmeckt* Ihnen das Essen in der Mensa?

2. Die Reisenden *begaben sich/*_____ zum Bus.

3. Der Beamte *härmte sich/*_____ wegen des Tadels.

4. Komm *unverweilt/*_____ !

5. Wir *weilten/*_____ vier Wochen in Skandinavien.

6. Der Vortrag *währte/*_____ schrecklich lange.

7. Die *Jünglinge/*_____ beschlossen ins Kino zu gehen.

8. Ich weiß nicht, wo mir das *Haupt/*_____ steht.

9. Die Arbeiter *heischen/*_____ Mitbestimmung.

10. Das Orchester *hob an/*_____ zu spielen.

a) beginnen   c) dauern   e) junge Leute   g) sein   i) verlangen
b) besorgt sein   d) gehen   f) r Kopf   h) sofort

X. Der Stil ist ungleich; verbessern Sie die Ausdrücke:

1. Immer wieder versuchten einige Abgeordnete zu *stänkern/ Unruhe* zu *stiften*.

2. Bei dem Erdbeben mußten Tausende *ins Gras beißen/*........................

3. Ich habe eine wichtige Angelegenheit mit Ihnen *durchzukauen/*........................ ....

4. Wer nie im Leben *doof/*........................ war, ein Weiser war er nie.

5. Der Verbrecher wurde zu zehn Jahren *verdonnert/*........................

6. Die Kinder *speisten/*........................ , was das Zeug hielt.

7. Darf ich Sie bitten, mir etwas Geld zu *pumpen/*........................?

8. Zum Kuckuck, ich will wissen, wann das *beginnt/*........................!

9. Wenn ich des Kerls *habhaft werde/*den Kerl ...., soll ihm Hören und Sehen vergehen.

10. *Prima/*........................ , ich stimme zu.

11. Mach dich fertig, es ist Zeit in die *Penne/*........................ zu gehen.

12. Wunderbar, daß man sonntags länger *pennen* kann/........................

13. Bitte entschuldigen Sie mich, ich muß noch *pauken/*........................

14. Noch müde? Ihr habt gestern wohl ganz schön *gezecht/*........................?

15. Wir wollen Ihnen helfen, eine *Bude/*........................ zu finden.

a) ausgezeichnet	e) losgehen	i) e Schule	l) töricht
b) besprechen	f) leihen	j) sterben	m) verurteilen
c) erwischen	g) lernen	k) trinken	n) s Zimmer
d) futtern	h) schlafen		

XI. Die Sterntaler

Der Märchenstil verlangt eine einfache Sprache. Wählen Sie den allgemeinsten Ausdruck:

1. Es war einmal ein kleines Mädchen, dem waren Vater und Mutter

.... (verschieden, entschlafen, *gestorben,* verstorben),

2. und es war so _____ (arm, mittellos, bedürftig, schlecht dran),

3. daß es kein Kämmerchen mehr hatte, darin zu _____ (hausen, kampieren, übernachten, wohnen),

4. und kein Bettchen mehr, darin zu _____ (schlummern, schlafen, pennen, duseln),

5. und endlich gar nichts mehr als die _____ (Kleider, Bekleidung, Kleidungsstücke, Klamotten) auf dem Leib und ein Stück Brot in der Hand,

6. das ihm ein mitleidiges Herz _____ (ausgehändigt, gegeben, geschenkt, spendiert) hatte.

7. Es war aber gut und _____ (gottesfürchtig, religiös, gläubig, fromm).

8. Und weil es so von aller Welt _____ (im Stich gelassen, aufgegeben, verlassen) war, ging es im Vertrauen auf den lieben Gott hinaus ins Feld.

9. Da begegnete ihm ein armer _____ (Kerl, Mann, Bursche, Geselle, Bettler), der sprach:

10. „Ach gib mir etwas zu essen, ich bin so _____ (hungrig, gierig, ausgehungert, verhungert)."

11. Es reichte ihm das ganze Stück Brot und _____ (erklärte, behauptete, sprach, befahl): „Gott segne dir's!" und ging weiter.

12. Da kam ein Kind, das _____ (klagte, wimmerte, stöhnte, jammerte): „Es friert mich so an meinem Kopfe, schenk mir etwas, womit ich ihn bedecken kann!"

13. Da nahm es seine _____ (Kopfbedeckung, Mütze, Kappe) ab und gab sie ihm.

14. Und als es noch eine Weile _____ (geschritten, gewandert, marschiert, gegangen, gebummelt) war, kam wieder ein Kind und hatte kein Leibchen an

15. und ＿＿＿＿＿＿＿＿＿＿＿ (fror, zitterte vor Kälte, bebte am ganzen Leib). Da gab es ihm seines; und noch weiter, da bat eins um ein Röcklein, das gab es auch von sich.

16. Endlich gelangte es in einen Wald, da kam noch eins und bat um ein Hemdlein, und das fromme Mädchen ＿＿＿＿＿＿＿＿＿ (dachte, überlegte, erwog, ließ sich durch den Kopf gehen, grübelte):

17. Es ist dunkle Nacht, da ＿＿＿＿＿＿＿＿＿ (sieht, erblickt, beobachtet, betrachtet) dich niemand, du kannst wohl dein Hemd weggeben. Und zog das Hemd ab und gab es auch noch hin.

18. Und wie es da stand und gar nichts mehr hatte, ＿＿＿＿＿＿＿ (fielen, stürzten, purzelten, sanken, prasselten) die Sterne vom Himmel,

19. und es waren lauter ＿＿＿＿＿＿＿＿＿ (blanke, saubere, blitzende, blinkende) Taler, und ob es gleich sein Hemdlein weggegeben, so hatte es ein neues an, das war von allerfeinstem Linnen.

20. Da sammelte es sich die Taler hinein und war ＿＿＿＿＿＿＿＿ (wohlhabend, reich, begütert, bemittelt, wohlsituiert) sein Leben lang.

Lösungen

I: 1 Er hatte kein Geld. 2 Der Plan ist dumm. 3 Merken Sie sich das! 4 Sie ging schnell weg. 5 Er ist geisteskrank. 6 Sei still! 7 Er trinkt zuviel. 8 Sie hat gestohlen. 9 Warum haben Sie ihn getadelt?

II: 2e, 3c, 4h, 5g, 6i, 7j, 8l, 9k, 10b, 11f, 12d, 13a

III: 2h, 3c, 4e, 6f, 7i, 8d, 9b, 10j, 11a

IV: 2d, 3n, 4c, 5k, 6i, 7j, 8h, 9b, 10m, 11f, 12a, 13g, 14l, 15e

V: 2e, 3f, 4a, 5g, 6d, 7b, 8j, 9c, 10h, 11i

VI: 2j, 3f, 4b, 5g, 6c, 7d, 8i, 9e, 10a, 11h, 12k

VII: 2f, 3l, 4a, 5i, 6b, 7g, 8m, 9k, 10n, 11d, 12e, 13h, 14c, 15j

VIII: 2c, 3f, 4h, 5a, 6g, 7b, 8j, 9e, 10i, 11d

IX: 2d, 3b, 4h, 5g, 6c, 7e, 8f, 9i, 10a

X: 2j, 3b, 4l, 5m, 6d, 7f, 8e, 9c, 10a, 11i, 12h, 13g, 14k, 15n

XI: 1 gestorben, 2 arm, 3 wohnen, 4 schlafen, 5 Kleider, 6 geschenkt, 7 fromm, 8 verlassen, 9 Mann, 10 hungrig, 11 sprach, 12 jammerte, 13 Mütze, 14 gegangen, 15 fror, 16 dachte, 17 sieht, 18 fielen, 19 blanke, 20 reich

Der deutsche Nebensatz

Situative Tonbandübungen
von Wolf-Dietrich Zielinski
Textband 96 Seiten, Klettbuch 55461
12 Tonbänder, Gesamtsprechzeit 5 h 58 min   Klett-Nr. 99048

Diese lehrbuchunabhängigen Übungen setzen nur den allgemein bekannten Wortschatz und die Grundstrukturen der deutschen Grammatik voraus. Die Übungen sind auf kein spezielles Fachgebiet ausgerichtet, sondern es wurden ihnen alltägliche Sprechsituationen zugrunde gelegt.

Sie vermitteln das Verständnis für die Grundbedeutung der verschiedenen Nebensatz-Arten und schleifen durch Hör-Nachsprech- und Vierphasenübungen die Strukturen und ihre typische Intonation ein.

Deutsche Hochlautung

Praktische Aussprachelehre
von Ursula Kreuzer und Klaus Pawlowski
Textband 94 Seiten, Klettbuch 5584
20 Tonbänder, Gesamtsprechzeit 5 h 31 min   Klett-Nr. 99534

Das Werk gibt einen Überblick über das gesamte System der deutschen Lautbildung. Das Programm ist so gegliedert, daß zu jedem Laut oder Lautpaar theoretische Hinweise und praktische Übungen gegeben werden. Die theoretischen Hinweise bringen eine Bildungsanweisung und Merkmalsabgrenzung des Lautes mit einer Abbildung der Artikulationsorgane, dann eine Darstellung der Besonderheiten und eine Darstellung des Verhältnisses von Buchstabe und Laut im Deutschen.

Der praktische Übungsteil bringt eine Fülle von Nachsprechübungen, oft als Vergleichs- oder Oppositionsübung, dazu Kontrollmöglichkeiten. Am Schluß jedes Kapitels steht ein zusammenhängender Text, der den jeweiligen Laut möglichst häufig, aber zugleich in der Sprache alltäglicher Situationen und Vorgänge erscheinen läßt.

Für weitere Informationen fordern Sie bitte unseren Fachkatalog Deutsch für Ausländer P 052017 an.